JN086336

he Greatest Director Stanley Kubrick

『スパルタカス』撮影現場にて（1959年）
©Richard C. Miller / Donaldson Collection

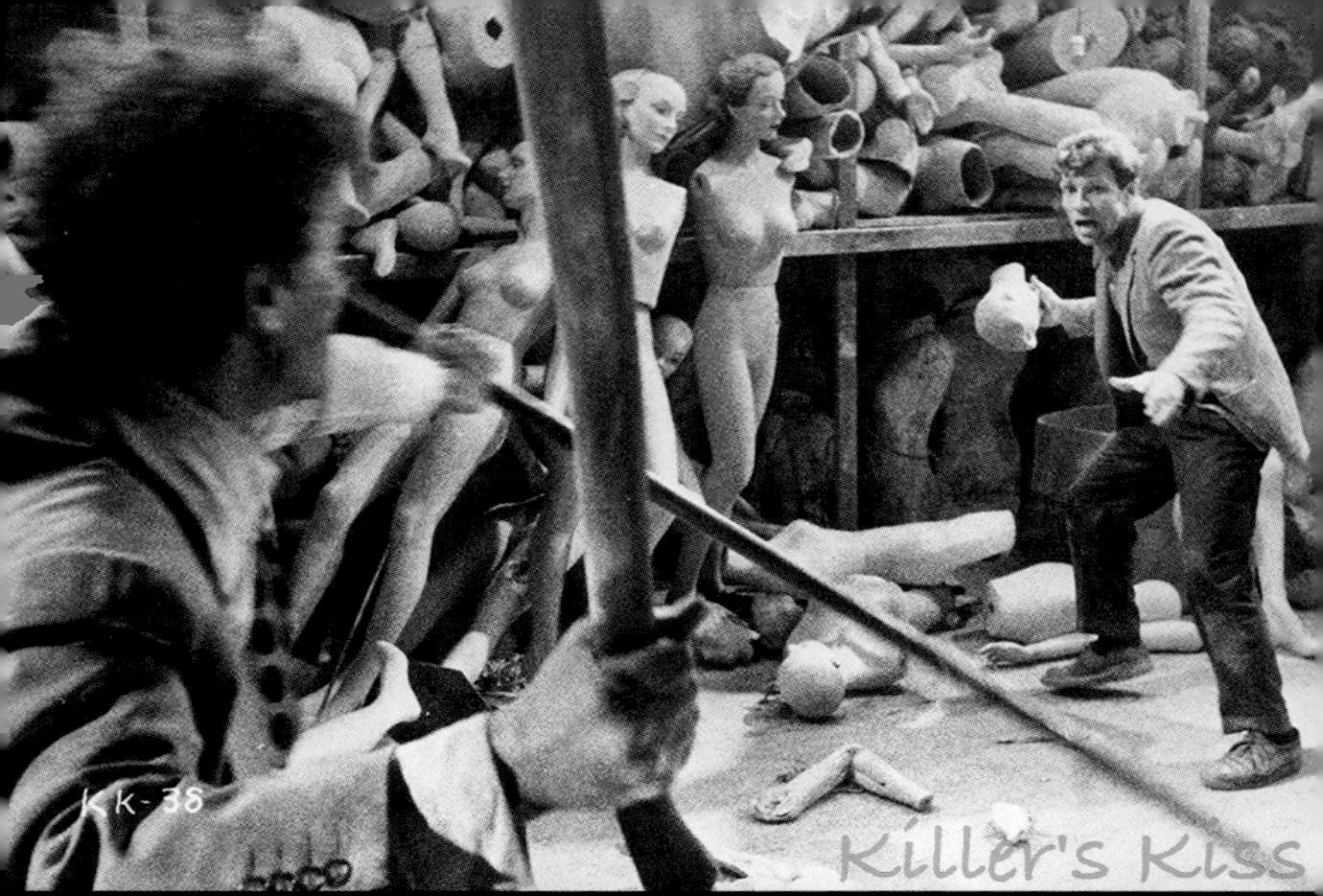

Killer's Kiss

非情の罠

The Killin

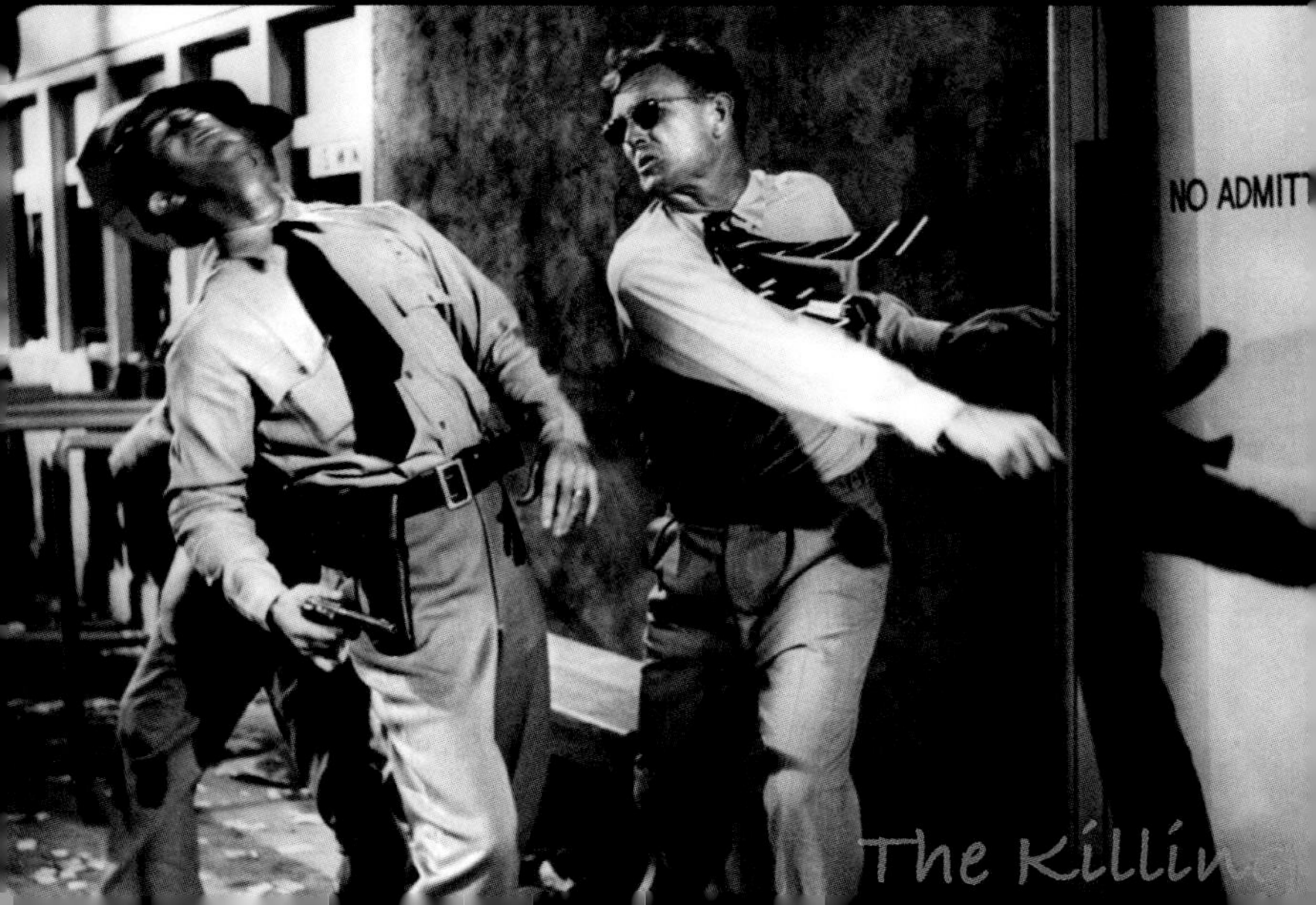

Paths of Glory

突撃

Spartacus

スパルタカス

Lolita

ロリータ

Dr. Strangelove or: How I Learned to Stop Worrying and Love the Bomb

博士の異常な愛情 または私は如何にして心配するのを止めて水爆を愛するようになったか

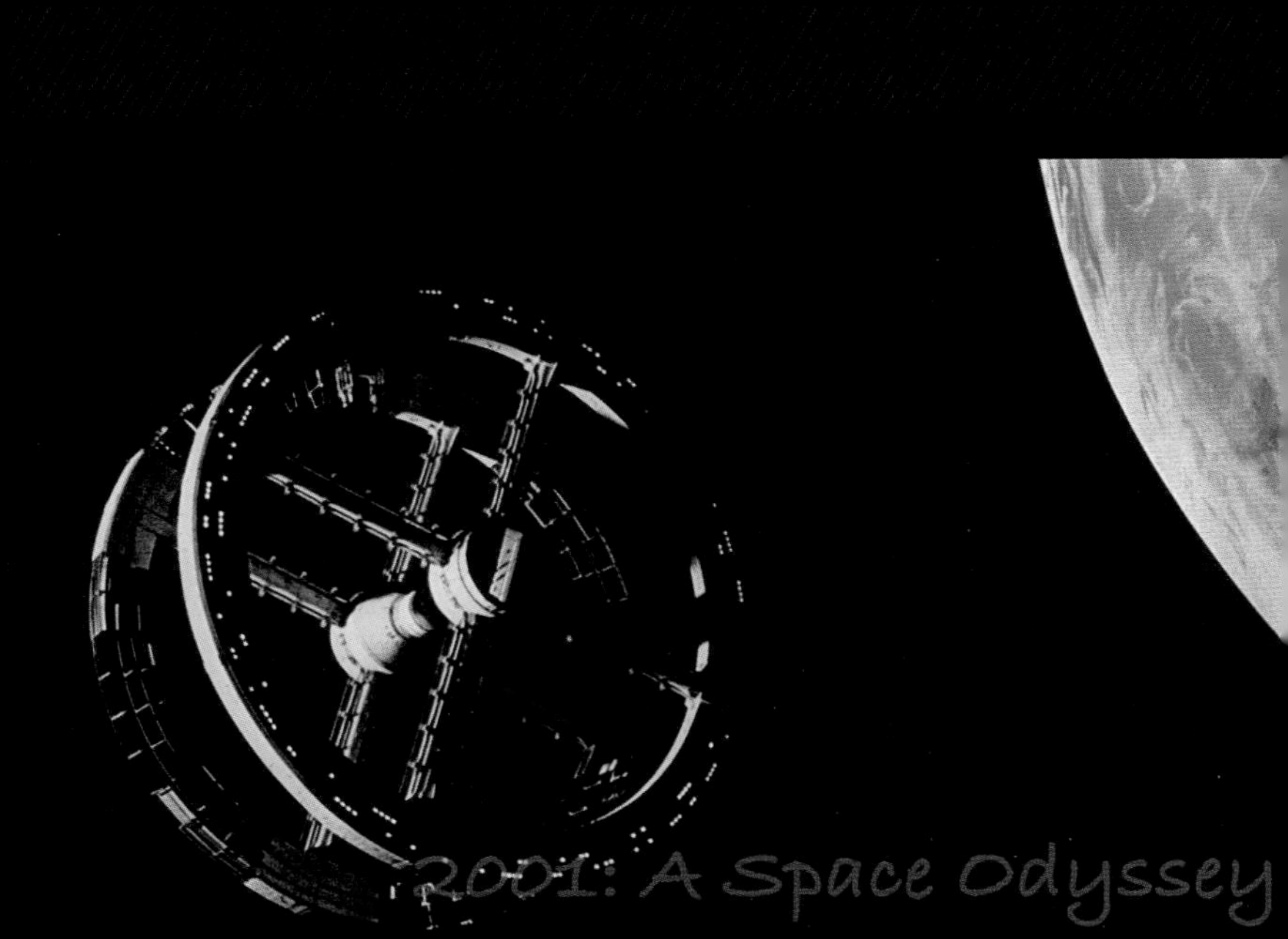
2001: A Space Odyssey

2001年宇宙の旅

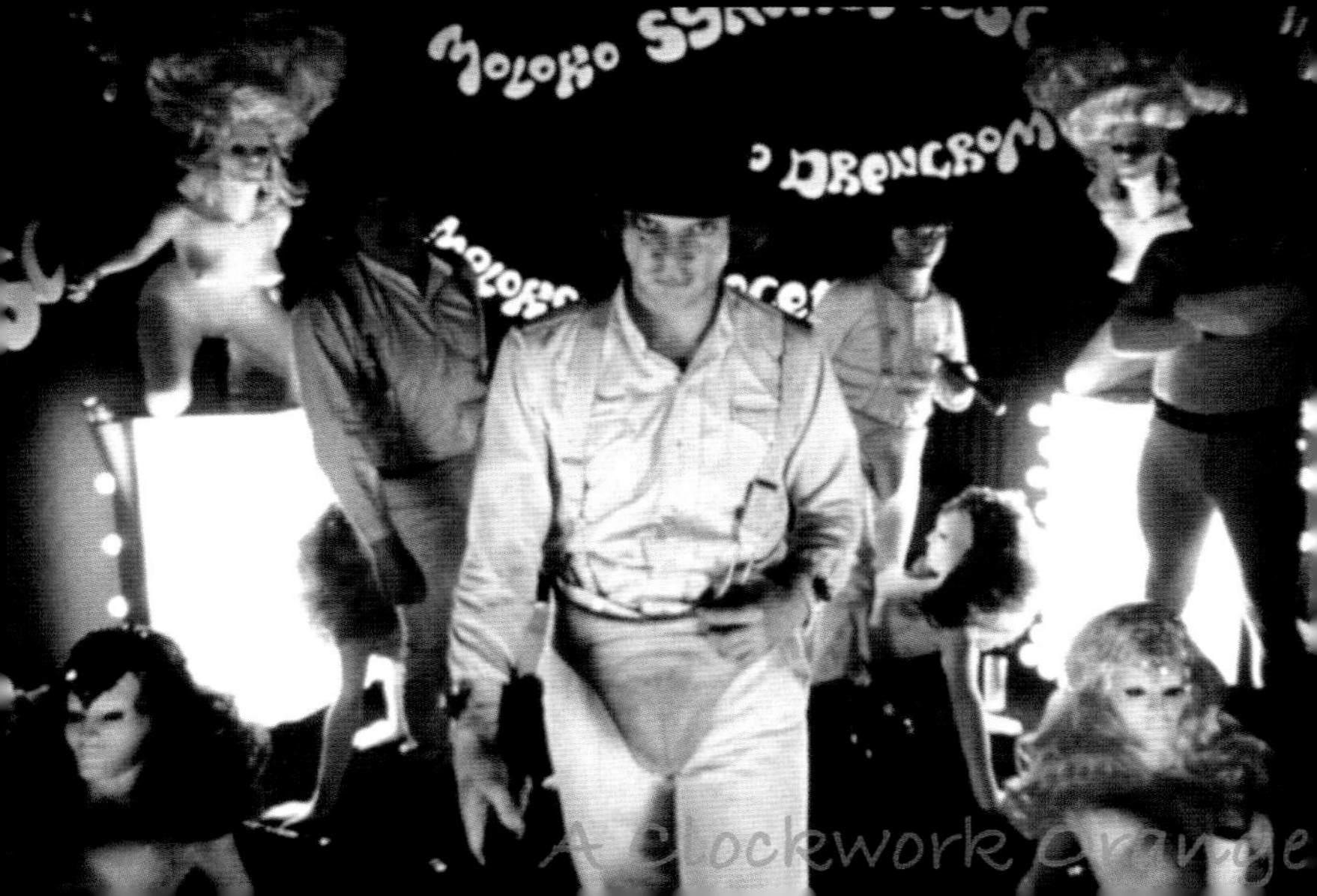
DRENCROM
A Clockwork Orange

Barry Lyndon

バリー・リンドン

The Shining

Full Metal Jacket

フルメタル・ジャケット

Eyes Wide Sh

『時計じかけのオレンジ』撮影現場にて（1970年）
Photographs by Dmitri Kasterine

映画の巨人たち　佐野亨◉編

スタンリー・キューブリック

辰巳出版

映画の巨人たち　スタンリー・キューブリック

contents

論考

Filmography

スタンリー・キューブリック
フィルモグラフィー

1951

拳闘試合の日 *DAY OF THE FIGHT*

アメリカ／白黒／16分

監督・製作・撮影・編集＝スタンリー・キューブリック　編集＝ジュリアン・バーグマン　音楽＝ジェラルド・フリード

＊ドキュメンタリー

空飛ぶ神父 *FLYING PADRE*

アメリカ／白黒／9分

監督・撮影＝スタンリー・キューブリック　製作＝バートン・ベンジャミン　編集＝アイザック・クレイナーマン　音楽＝ナサニエル・シルクレット

＊ドキュメンタリー

1953

恐怖と欲望 *FEAR AND DESIRE*

アメリカ／白黒／62分

監督・製作・撮影・編集＝スタンリー・キューブリック　脚本＝ハワード・サックラー　音楽＝ジェラルド・フリード

出演＝フランク・シルヴェラ（マック軍曹）、ケネス・ハープ（コルビー中尉、将軍）、ポール・マザースキー（シドニー二等兵）、スティーヴ・コイト（フレッチャー二等兵、大尉）、ヴァージニア・リース（少女）、デイヴィッド・アレン（ナレーター）

＊劇場映画デビュー作

海の旅人たち *THE SEAFARERS*

アメリカ／白黒／29分

監督・撮影・編集＝スタンリー・キューブリック　製作＝レスター・クーパー　脚本＝ウィル・チェイスン

＊ドキュメンタリー

1955

非情の罠 *KILLER'S KISS*

アメリカ／白黒／67分

監督・製作・脚本・撮影・編集＝スタンリー・キューブリック　製作＝モリス・ブーゼル　脚本＝ハワード・サックラー　音楽＝ジェラルド・フリード

出演＝ジェイミー・スミス(デイヴィ・ゴードン)、フランク・シルヴェラ(ヴィンセント・ラパロ)、アイリーン・ケイン(グロリア・プライス)、ジェリー・ジャレット(アルバート)、マイク・ダナ(ギャング)、フェリス・オーランディ（ギャング)、ラルフ・ロバーツ(ギャング)、フィル・スティーヴンソン(ギャング)、スキッピー・アデルマン(マネキン工場のオーナー)、ルース・ソボトゥカ(アイリス)

＊ロカルノ国際映画祭監督賞

1956

現金(げんなま)に体を張れ *THE KILLING*

アメリカ／白黒／85分

監督・脚本＝スタンリー・キューブリック　製作＝ジェームズ・B・ハリス　原作＝ライオネル・ホワイト　ダイアローグ＝ジム・トンプスン　撮影＝ルシアン・バラード　美術＝ルース・ソボトゥカ　編集＝ベティ・スタインバーグ　音楽＝ジェラルド・フリード

出演＝スターリング・ヘイドン(ジョニー・クレイ)、コリーン・グレイ(フェイ)、ヴィンセント・エドワーズ(ヴァル・キャノン)、ジェイ・C・フリッペン(マーヴィン・アンガー)、テッド・デ・コルシア(ランディ・ケナン)、マリー・ウィンザー（シェリー・ピーティ)、エリシャ・クック・Jr.（ジョージ・ピーティ)、ジョー・ソウヤー（マイク・オライリー)、ジェームズ・エドワーズ(駐車場の係員)

1957

突撃 *PATHS OF GLORY*

アメリカ／白黒／86分

監督・脚本＝スタンリー・キューブリック　製作＝ジェームズ・B・ハリス　原作＝ハンフリー・コッブ　脚本＝カルダー・ウィリンガム、ジム・トンプスン　撮影＝ゲオルグ・クラウゼ　美術＝ルドウィヒ・ライダー　編集＝エヴァ・クロール　音楽＝ジェラルド・フリード

出演＝カーク・ダグラス(ダックス大佐)、ラルフ・ミーカー（パリス伍長)、アドルフ・マンジュー（ブルーラール将軍)、ジョージ・マクレディ（ミロー将軍)、ウェイン・モリス(ロジェ中尉)、リチャード・アンダーソン(サントーバン少佐)、ジョー・ターケル(アーノー二等兵)、ティモシー・ケリー（フェロル二等兵)、ピーター・キャペル(判事大佐)、スザンヌ・クリスチャン(ドイツ人の少女)

Filmography

スタンリー・キューブリック
フィルモグラフィー

1960

スパルタカス *SPARTACUS*

アメリカ／カラー／198分

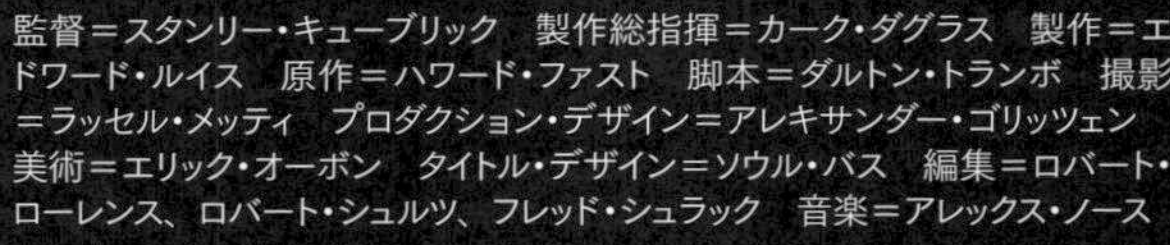

監督＝スタンリー・キューブリック　製作総指揮＝カーク・ダグラス　製作＝エドワード・ルイス　原作＝ハワード・ファスト　脚本＝ダルトン・トランボ　撮影＝ラッセル・メッティ　プロダクション・デザイン＝アレキサンダー・ゴリッツェン　美術＝エリック・オーボン　タイトル・デザイン＝ソウル・バス　編集＝ロバート・ローレンス、ロバート・シュルツ、フレッド・シュラック　音楽＝アレックス・ノース

出演＝カーク・ダグラス（スパルタカス）、ローレンス・オリヴィエ（クラッサス）、チャールズ・ロートン（グラッカス）、ジーン・シモンズ（ヴァリニア）、ピーター・ユスティノフ（バタイアタス）、トニー・カーティス（アントナイナス）、ジョン・ギャヴィン（ジュリアス・シーザー）、ニナ・フォッチ（ヘレナ）、ハーバート・ロム（ティグラネス）

＊アカデミー賞助演男優賞（ピーター・ユスティノフ）、撮影賞〔カラー部門〕、美術監督・装置賞〔カラー部門〕、衣裳デザイン賞〔カラー部門〕
＊ゴールデングローブ賞作品賞〔ドラマ部門〕

1962

ロリータ *LOLITA*

イギリス、アメリカ／白黒／153分

監督＝スタンリー・キューブリック　製作＝ジェームズ・B・ハリス　原作・脚本＝ウラジミール・ナボコフ　撮影＝オズワルド・モリス　美術＝ウィリアム・アンドリュース　編集＝アンソニー・ハーヴェイ　音楽＝ネルソン・リドル、ボブ・ハリス

出演＝ジェームズ・メイスン（ハンバート・ハンバート）、スー・リオン（ドロレス・ヘイズ）、シェリー・ウィンタース（シャーロット・ヘイズ）、ピーター・セラーズ（クレア・クイルティ）、ダイアン・デッカー（ジーン・ファーロウ）、ジェリー・ストーヴィン（ジョン・ファーロウ）、スザンヌ・ギブス（モナ・ファーロウ）、ゲイリー・コックレル（ディック・シラー）、マリアン・ストーン（ヴィヴィアン・ダークブルーム）

＊ゴールデングローブ賞新人女優賞（スー・リオン）

1964

博士の異常な愛情

または私は如何にして心配するのを止めて水爆を愛するようになったか

DR. STRANGELOVE
OR: HOW I LEARNED TO STOP WORRYING AND LOVE THE BOMB

イギリス、アメリカ／白黒／93分

監督・製作・脚本＝スタンリー・キューブリック　原作・脚本＝ピーター・ジョージ　脚本＝テリー・サザーン　撮影＝ギルバート・テイラー　プロダクション・デザイン＝ケン・アダム　タイトル・デザイン＝パブロ・フェロ　美術＝ピーター・マートン　編集＝アンソニー・ハーヴェイ　音楽＝ローリー・ジョンソン

出演＝ピーター・セラーズ（ストレンジラヴ博士、マーキン・マフリー大統領、ライオネル・マンドレーク大佐）、ジョージ・C・スコット（タージドソン将軍）、スターリング・ヘイドン（ジャック・リッパー将軍）、キーナン・ウィン（グアノ大佐）、スリム・ピケンズ（キング・コング少佐）、ピーター・ブル（サデスキー大使）、トレイシー・リード（ミス・スコット）、ジェームズ・アール・ジョーンズ（ゾッグ中尉）

＊ニューヨーク映画批評家協会賞監督賞
＊英国アカデミー賞作品賞〔総合部門〕、作品賞〔国内部門〕、美術賞〔白黒部門〕、国連賞
＊ヒューゴー賞〔映像部門〕

1968

2001年宇宙の旅 *2001: A SPACE ODYSSEY*

アメリカ、イギリス／カラー／149分

監督・製作・脚本＝スタンリー・キューブリック　原作・脚本＝アーサー・C・クラーク　撮影＝ジェフリー・アンスワース、ジョン・オルコット　プロダクション・デザイン＝トニー・マスターズ、ハリー・ラング、アーネスト・アーチャー　特殊効果＝ウォーリー・ビーバーズ、ダグラス・トランブル、コン・ペダースン、トム・ハワード　編集＝レイ・ラヴジョイ

出演＝キア・デューリア（デイヴィッド・ボウマン）、ゲイリー・ロックウッド（フランク・プール）、ウィリアム・シルヴェスター（ヘイウッド・フロイド博士）、ダニエル・リクター（月を見る者）、レナード・ロシター（アンドレイ・スミスロフ）、マーガレット・タイザック（エレーナ）、ダグラス・レイン（HAL9000の声）

＊アカデミー賞視覚効果賞
＊英国アカデミー賞撮影賞、音響賞、美術賞
＊ヒューゴー賞〔映像部門〕

1971

時計じかけのオレンジ *A CLOCKWORK ORANGE*

イギリス、アメリカ／カラー／137分

監督・製作・脚本＝スタンリー・キューブリック　製作総指揮＝サイ・リトヴィノフ、マックス・L・ラーブ　原作＝アンソニー・バージェス　撮影＝ジョン・オルコット　プロダクション・デザイン＝ジョン・バリー　美術＝ラッセル・ハッグ、ピーター・シールズ　編集＝ビル・バトラー　音楽＝ウォルター・カーロス

出演＝マルコム・マクダウェル（アレックス）、パトリック・マギー（アレキサンダー氏）、エイドリアン・コリ（アレキサンダー夫人）、ミリアム・カーリン（キャットレディ）、マイケル・ベイツ（バーンズ看守長）、ウォーレン・クラーク（ディム）、ジェームズ・マーカス（ジョージー）、オーブリー・モリス（デルトイド氏）、スティーヴン・バーコフ（トム）、ゴッドフリー・クイグリー（牧師）、アンソニー・シャープ（内務大臣）

＊ニューヨーク映画批評家協会賞作品賞、監督賞
＊ヴェネツィア国際映画祭パシネッティ賞
＊ヒューゴー賞〔映像部門〕

1975

バリー・リンドン *BARRY LYNDON*

イギリス、アメリカ／カラー／186分

監督・製作・脚本＝スタンリー・キューブリック　製作総指揮＝ヤン・ハーラン　原作＝ウィリアム・メイクピース・サッカレー　撮影＝ジョン・オルコット　プロダクション・デザイン＝ケン・アダム　美術＝ロイ・ウォーカー　編集＝トニー・ローソン　音楽＝レナード・ローゼンマン

出演＝ライアン・オニール（バリー・リンドン）、マリサ・ベレンソン（レディ・リンドン）、パトリック・マギー（シュヴァリエ・ド・バリバリー）、ハーディ・クリューガー（ポッツドルフ大尉）、ゲイ・ハミルトン（ノーラ・ブレイディ）、マーレイ・メルヴィン（ラント牧師）、ゴッドフリー・クイグリー（グローガン大尉）、レナード・ロシター（クィン大尉）、フィリップ・ストーン（グレアム）、スティーヴン・バーコフ（ラッド卿）

＊アカデミー賞撮影賞、美術賞、衣裳デザイン賞、編集・歌曲賞
＊全米映画批評家協会賞撮影賞
＊ロサンゼルス映画批評家協会賞撮影賞
＊英国アカデミー賞監督賞、撮影賞

1980

シャイニング *THE SHINING*

イギリス、アメリカ／カラー／119分（北米公開版は143分）

監督・製作・脚本＝スタンリー・キューブリック　製作総指揮＝ヤン・ハーラン　原作＝スティーブン・キング　脚本＝ダイアン・ジョンソン　撮影＝ジョン・オルコット　ステディカム・オペレーター＝ギャレット・ブラウン　プロダクション・デザイン＝ロイ・ウォーカー　編集＝レイ・ラヴジョイ　音楽＝ウェンディ・カーロス

出演＝ジャック・ニコルソン（ジャック・トランス）、シェリー・デュヴァル（ウェンディ・トランス）、ダニー・ロイド（ダニー・トランス）、スキャットマン・クローザース（ディック・ハロラン）、バリー・ネルソン（スチュアート・アルマン）、フィリップ・ストーン（デルバート・グレイディ）、ジョー・ターケル（ロイド）

1987

フルメタル・ジャケット *FULL METAL JACKET*

アメリカ、イギリス／カラー／116分

監督・製作・脚本＝スタンリー・キューブリック　製作総指揮＝ヤン・ハーラン　原作・脚本＝グスタフ・ハスフォード　脚本＝マイケル・ハー　撮影＝ダグラス・ミルサム　プロダクション・デザイン＝アントン・ファースト　美術＝キース・ペイン、ロッド・ストラットフォード、レス・トムキンス　編集＝マーティン・ハンター　音楽＝アビゲイル・ミード

出演＝マシュー・モディン（ジョーカー）、アダム・ボールドウィン（アニマル・マザー）、ヴィンセント・ドノフリオ（ゴーマー・パイル）、R・リー・アーメイ（ハートマン軍曹）、ドリアン・ヘアウッド（エイトボール）、アーリス・ハワード（カウボーイ）、ケヴィン・メイジャー・ハワード（ラフターマン）、エド・オロス（タッチダウン）、ジョン・テリー （ロックハート）、キーロン・ジェッキニス（クレイジー・アール）

＊ロンドン映画批評家協会賞監督賞

1999

アイズ ワイド シャット *EYES WIDE SHUT*

アメリカ、イギリス／カラー／159分

監督・製作・脚本＝スタンリー・キューブリック　製作総指揮＝ヤン・ハーラン　原作＝アルトゥール・シュニッツラー　脚本＝フレデリック・ラファエル　撮影＝ラリー・スミス　プロダクション・デザイン＝レス・トムキンス、ロイ・ウォーカー　美術＝ジョン・フェナー　編集＝ナイジェル・ガルト　音楽＝ジョスリン・プーク

出演＝トム・クルーズ（ビル・ハーフォード）、ニコール・キッドマン（アリス・ハーフォード）、シドニー・ポラック（ヴィクター・ジーグラー）、トッド・フィールド（ニック・ナイチンゲール）、マリー・リチャードソン（マリオン・ネイサンソン）、マディソン・エジントン（ヘレナ・ハーフォード）、ジャッキー・ソウィリス（ラズロ）、トーマス・ギブスン（カール）、レイド・セルベッジア（ミリチ）、リリー・ソビエスキー （ミリチの娘）

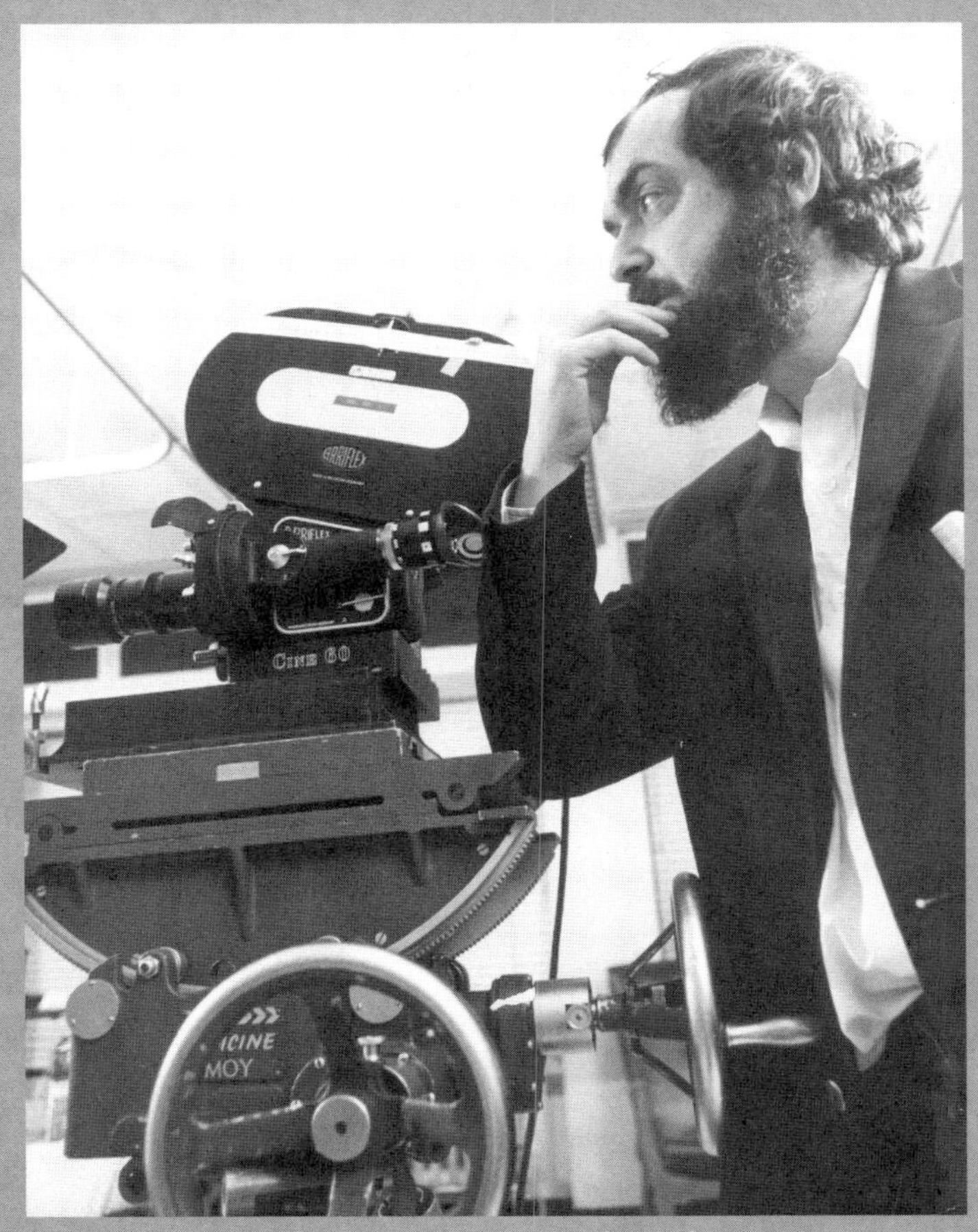

『バリー・リンドン』撮影現場にて（1975年）
©Hulton Archive

■コラム■

スタンリーは初めからキューブリックだった

吉田広明

幼少期

スタンリー・キューブリックは、一九二八年七月二六日生まれ、曽祖父の代にニューヨークに渡ったオーストリア、ガリツィア地方（現ウクライナ南西部）出身の東欧移民の家系である。曽祖父、祖父は仕立屋だったが、アメリカで生まれた父ジェイコブ（後にジャックと改名）は医者となり、労働者階級を対象とした診療所を開いていた。ニューヨークの移民の多く住む地区ブロンクスに居を構えたキューブリック一家は比較的裕福な家庭だった。父は蔵書をスタンリーに自由に使わせたが、スタンリー自身はあまり読書を好まなかった。ただ、ギリシャやローマの神話、グリム童話を好んだといい、人間精神が愚劣、あるいは逆に崇高に接する極限状態を描くことの多いスタンリーの後の作歴に、これらの神話、寓話への好みが反映されていると考えられないことはない。

知能指数自体は平均以上だったものの、学業に熱心でなかったスタンリーは、しかし自分の好きなものには熱中する質（たち）であった。なかでも父に教えられたチェスと、十三歳の誕生日に父から贈られたカメラには夢中になった。チェスは生涯を通してスタンリーの趣味であり続け、一時は賭けチェスで生活費を稼ぎもしたし、映画監督になってからは、撮影の待ち時間に、俳優と一勝負することを好んだ。チェスと監督業の関係性を問われた彼は、あまり関係はないとしながらも、持てる選択肢の中で最良の判断をするための忍耐と自制心を育むのには役立ったのではないかとしている。十三歳の誕生日に贈られたカメラは、スタンリーの生涯をも左右する決定的なものとなった。スタンリーは同い年の少年と、街頭での撮影に熱中した。その少年の部屋には暗室、引き伸ばし機も備えてあり、スタンリーは彼の家に入り浸って、撮影、現像技術を吸収した。

妹のバーバラと

ウィージー

父から贈られたカメラはグラフレックス、上部にファインダーがあるタイプだった。機体も重いため、スタンリーはこれを紙袋に入れ、上からファインダーを覗きつつ、紙袋の横にあけた穴から街頭の人々を隠し撮りしたという。視点が低く、遠近が強調された画角は、その後のキューブリック映画作品に特徴的なものであり、その萌芽はすでにここにあるといってよいだろう。後述の通りその後スタンリーは「ルック」誌のカメラマンとなるが、フォト・ジャーナリストとして彼が崇拝していたカメラマンはウィージーであった。ウィージーは、三〇年代、四〇年代のニューヨークのストリートを生々しく捉えた報道写真が有名で、警察の無線を傍受し、犯罪現場にたちまち現れることから、こっくりさん（ウィジャボード）のように嗅覚が鋭いとして、それがあだ名のもとになった。写真集『裸の町（ネイキッド・シティ）』は、ジュールス・ダッシン監督、ニューヨークの町にカメラを持ち出したドキュメンタリー・タッチの同名のフィルム・ノワール（一九四八）、さらに犯罪ドラマTVシリーズ（一九五八〜六三）に霊感を与えている。のぞき見のセンセーショナリズム、その背後に秘められた人間の闇への冷徹な目。

ウィージーのそうした姿勢は、後のキューブリックにも確かにつながるものがある。

キューブリックはその後イギリスで『博士の異常な愛情』撮影時、撮影旅行でイギリスを訪れていたウィージーを、スチール・カメラマンとして雇うことになる。ピーター・セラーズは、ナチに仕えた科学者ストレンジラヴ博士を造形するに当たって、ウィージーのドイツ訛りの混じったニューヨーク弁を参考にしたとされる。ちなみにウィージーは、キューブリック一家の曽祖父と同じガリツィア地方出身であり、スタンリーはその点でも彼に親近感を覚えていたようだ。

『博士の異常な愛情』撮影現場にて。ウィージーと

「ルック」誌

成績があまりよくはなかったスタンリーは地元の高校に入学、スウィング・バンドのドラムを担当、写真部に入って活動するなどしたが、協調性や社会性には欠けていた。そう目立ったことのない高校生活を一変させる出来事が生じる。四五年、フランクリン・ローズヴェルトが急死、副大統領だったトルーマンが大統領に昇格するのだが、その報を伝える新聞を売るスタンドの写真をスタンリーが撮影する。スタンドの売り子の老人が頬杖をつき、物憂げな表情を浮かべているその周囲を、ローズヴェルトとトルーマンの名が躍る紙面が占めている。この写真をスタンリーは「ルック」誌に売る。その後も高校の名物教師が、ハムレットを演じながらする国語の授業の組み写真を撮って売るなどして「ルック」に貢献、高校卒業するも成績が悪くて大学に進学できなかったスタンリーは、そのまま「ルック」でカメラ助手となる。

「ルック」誌にスタンリーは写真を掲

載するようになったが、その中でも注目を浴びたのが、四九年一月号掲載の、あるボクサーの試合の一日を撮影した組み写真「プロボクサー」だった。一晩にして無名の人間が富と栄誉を手に入れるアメリカン・ドリームの典型であると同時に、血と暴力と挫折の暗い一面を併せ持ち、いかにも人間的なドラマとして現在とは格段の人気を博した。しかしスタンリーが捉えたのは、ボクシングのそうした二面性ではなく、目覚めから散歩、朝食、トレーニング、会場入り、待機、試合に至る、職業としてのボクサーの一日だった。

　単に決定的な瞬間を捉えた一枚で成立するわけではなく、複数のイメージを重ねることによってストーリーを語る組み写真は、カットを編集で積み重ねてストーリーを語る映画の祖型といってよいし、また、演出から撮影、照明まですべて一人でこなすスタンリーの個人主義的スタイルは、その後の彼の映画作法の原型を形作っているといってよい。組み写真はスタンリーにとって、確かに映画への助走だった。「ルック」誌の彼の写真は、ダイアン・アーバスらも注目していたという。

映画へ

　スタンリーが本格的に映画こそ自分の職業と見定めるのは、「プロボクサー」を自身で映画化した『拳闘試合の日』を映画館で見た時とされる。彼は高校時代、ハリウッド映画を週八本見ていたというが、ただしこれには熱中していたわけではなく、こんな出来の悪いものなら自分の方がもっとうまく作れると思っていたといい、「ルック」に勤めるようになってからしきりに通うようになったアート系の劇場で、もっぱらヨーロッパ映画を見ていた（ネオ・レアリスモ、ジャン・コクトーなど）。ただしシュトロハイムは崇拝していたというのはいかにもキューブリックらしい。高校からの友人がニュース映画「マーチ・オブ・タイム」のタイム社に勤めるようになり、彼から映画の専門知識を教わったり、彼と短編映画の企画を練ったりしている。

　『拳闘試合の日』は、組み写真による記事「プライズ・ファイター」と同じ題材を映画にしたものであり、ボクサーの試合までの日常を捉えるという基本コンセプト自体は共通するものの、映画になることで、時間という新たな次元が付け加わる。試合までの長い待機の時間、そしてこの試合に勝ったとしても、その後も勝ち続けねばならない未来の時間。こうした時間の要素は、「マーチ・オブ・タイム」を模したナレーションで強調される。試合までの待機の時間は『現金に体を張れ』

のカウントダウンを、永劫の時間感覚は『2001年宇宙の旅』や『シャイニング』を連想させるものがあり、処女作に作家の未来のすべてが萌芽的に認められるという理論は、ここでもその有効性を認められるのかもしれない。ともあれこうした時間感覚の陰鬱さは、フィルム・ノワールに通じるものでもある。そもそも栄光と挫折が背中合わせのボクシングは、ノワールに極めて親和性の強い題材であり、実際ボクシングは、ロバート・ロッセン『ボディ・アンド・ソウル』(一九四七)や、ロバート・ワイズ『罠』(一九四九)など、ノワールの傑作を生んでいる。スタンリー自身がそれ以前の作歴を削除したために、公式的には処女作となる『非情の罠』も、ボクサーを主人公としたフィルム・ノワールで、試合の模様には『拳闘試合の日』と同じようなショットが用いられてもいて、その意味でも処女作の前身といえる『拳闘試合の日』は、映画作家キューブリックの礎石として重要な意味を持つ。

『拳闘試合の日』はRKOに買い取られ、これを劇場のスクリーンで見たことが、彼を映画監督の道に進むことを決意させたことは前述の通りである。彼は「ルック」誌を辞め、二本目の短編映画、ニューメキシコで教区を飛行機で駆け回る神父を描くドキュメンタリー『空飛ぶ神父』を撮った後、後述の『恐怖と欲望』の製作にかかるが、撮影後のダビングに金が回らなくなる。スタンリーはダビングを中断し、『恐怖と欲望』に資金援助をしてくれていた「マーチ・オブ・タイム」社の副社長、リチャード・ド・ロシュモントの紹介でTVドラマの助監督仕事をする。科学に関する討論や著名な音楽家の演奏、偉人の伝記ドラマなど様々な形態でアメリカの過去、現在を描く「オムニバス」シリーズの一篇、ノーマン・ロイド監督でジェームズ・エイジーが脚本を書いた「ミスター・リンカーン」の第一部。スタンリーは批評家としてのエイジーに敬意を抱いてお

『拳闘試合の日』

り、現場では彼としか親しく話すことはなかったという。スタンリーが映画の現場で人の下についたのは、後にも先にもこの時ばかりである。さらに雇われ仕事でアメリカ労働総同盟のメキシコ湾地域事務所の広報映画『海の旅人たち』などを監督。二本の短編に関しては実際に見てもさほど印象に残るものではないが（ちなみに『拳闘試合の日』を含め、これらの短編はネット上で見ることができる）、飛行機のそばに立つ神父からトラックバックしてゆくラストショット、船員食堂を長い横移動で捉えるショットなど、その後のキューブリックの移動好きの初期の現れを見ることができる。

最初の長篇『恐怖と欲望』

第二次大戦のヨーロッパ戦線と思われる戦闘地区で、敵陣に不時着してしまった四人の兵士が川をいかだで下って脱出しようとする。川で民間人女性に出くわしてしまい、その一人を捕らえるが、見張りにつけられた兵士は次第に狂気に駆られてゆく（学生時代のポール・マザースキーが演じている）。一方残りの三人は、たまたま発見した敵軍の将校の殺害を計画、実行するのだが、その将校と部下は、こちら側の将校と部下と瓜二つだった。キューブリックは、犯罪者と兵士は、自分が求めるものと自分の敵を明確に認識して行動し、その結果偽善的な社会的規範を逸脱する存在として興味深いという趣旨の発言をしている。実際、戦場という人間を狂気に駆り立てる極限状況は、キューブリックの好んで描く題材となる（『突撃』『博士の異常な愛情』『バリー・リンドン』『フルメタル・ジャケット』、そして長らく温めてきて結局撮られなかった企画『ナポレオン』）。本作では、その辺の山で撮られたかのようなロケ、そして自身と敵が同一という不条理な展開がかえって脳内を外界に投影したかのようで効果的に機能しており、その後の、人間の内面と外界が識別不能になるキューブリック世界（『２００１年宇宙の旅』『時計じかけのオレンジ』『シャイニング』『アイズ ワイド シャット』）につながるものを確かに持っている。

キューブリック自身は素人の作としてこれを作歴に加えるのを潔しとせず、手に入る限りのプリントを廃棄したとされるが、プリントを製作したコダック社が規定で一本を保管しており、おかげで現在も見られることになった。

アマチュアリズム

スタンリーは公式的処女作『非情の罠』まで、製作、撮影、編集、時に原案、脚本までも一人でこなしており、作品をほぼ自分一人の思い通りに作っている。彼はそもそも写真撮影にしてもほとんど独学、映画作りも実地で覚えていった。これは先ずは彼自身の孤独を好む傾向の故であるといえる。人見知りであった彼は、人と接触するのを好まず、可能な限り自分でやろうとした。キューブリックの伝記作者は、知的優越によって増幅された人見知りが、人を人とも思わぬ態度に変わることは芸術家にありがちなことであり、キューブリックもその例に漏れないとしており、確かに巨大なスケールの作品を、多数のスタッフを使って撮ることに（製作や主演俳優との確執があったハリウッドでの二作を除き）何のストレスも感じなかったキューブリックには、そのような人見知りの裏返しの傲慢があっただろう。『現金に体を張れ』のルシアン・バラード、『スパルタカス』のラッセル・メティなど、ハリウッドの名だたる名カメラマンに対して、自身の求めるものを断固として要求し、譲ることがなかったという強面も、その表れである。

また彼が東海岸の人間であり、映画の工場ハリウッド流の方法論と無縁であったことも大きい。キューブリックが、ニューヨーク・インディペンデントの雄、ジョン・カサヴェテスのたかだか一年の年長であるということは記憶しておくに足る。カサヴェテスが自身の映画作りを本格化させるには、ハリウッドでのキャリアを経て、六〇年代末を待つしかなかったのと同様、キューブリックもまた、ハリウッドでの苦い経験を経て、六〇年代半ばにイギリスでようやく自分なりの映画作りを確固たるものにできたのであった。ハリウッドに対するオルタナティヴを志向し、実現した点で、この東海岸出身の二人の映画作家の位置は必ずしも遠くない。ハリウッドが六〇年代を通してゆっくりと崩壊し、新たな映画を目指した時、監督個人の志向が強固でありつつ、娯楽性も排除はしなかったキューブリックの作品は、ハリウッドにとって指針となってゆく。時代がキューブリックに追いつき、オルタナティヴこそ本道となってゆくわけだが、実のところキューブリックの映画作法を支えたのは、人見知り、独学、東海岸といった、彼個人の資質や環境ではあった。しかしあくまで個人的な資質に支えられた方法論であったからこそ、それを貫き通すことができたのだともいえる。彼は生涯アマチュアであり続けたといってよいが、その核は、実際にアマチュアであった時代に、しかもその当初からすでに確固とした形で作られていたのである。

（よしだ・ひろあき／映画評論家）

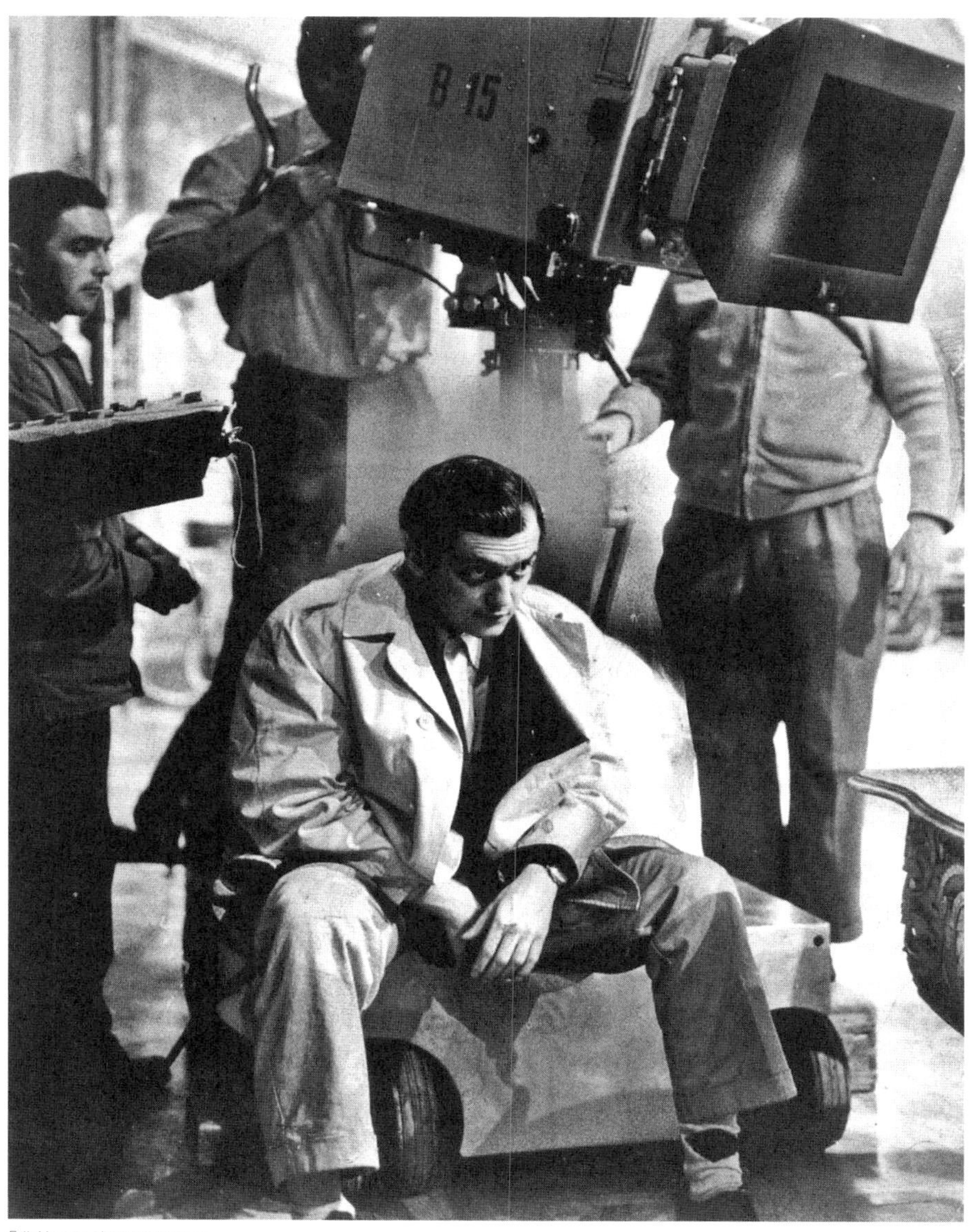

『非情の罠』撮影現場にて

論考

写真家キューブリック

映画は無数の写真でできている。

伊藤俊治

映画は無数の写真でできている。

写真もまた記憶を介し無数の映画からできている。

ストーリーを作り、写真を映画のように時の流れに沿って配置するグラフジャーナリズムのスタイルがあるし、写真を素材として連続させて使い映画を構成するフォトロマンの手法もある。

あるいは写真が映画のワンシーンのように思えてくる経験を誰しも持ったことがあるだろうし、映画の途中で画面を止め、写真のようにじっくり眺めたくなる瞬間もある。写真と映画は強い絆で多重に結びついた肉親のような関係を持っていると言えるだろう。

ポール・ストランド、アンリ・カルチェ・ブレッソン、ウィージー、ウィリアム・クライン、ロバート・フランク……写真家でありながら映画の名作を撮った者も多く、もちろんスタンリー・キューブリックもその一人である。

二〇一八年五月八日から十月二八日までNY市立博物館で行われ、以後全米を巡回した興味深い展覧会があった。写真家としてのキューブリックに焦点をあてた展覧会「異なるレンズを通して：スタンリー・キューブリックの写真[★1]」である。

「ライフ」誌と並ぶアメリカの代表的なグラフジャーナリズム誌「ルック」を刊行していたコウルズ・マガジン社の社主ショーン・コーコランが秘蔵し、一九五六年にNY市立博物館に寄贈したコンタクトプリントとネガから選別された展示だ。「ルック」誌に掲載された写真ばかりではなく、当時、キューブリックが個人的な関心や興味で撮影し

「バックステージ・ショーガール」(1949) Museum of the City of New York / SK Film Archive, LLC

た未発表の写真も多数ある。

ストリートシーン、遊園地、ナイトクラブ、競馬場、ブロードウェイ、地下鉄、ボクシングクラブ等の多彩な場所や風景を集約した一九四〇年代のNYのパノラミックな写真展である。束の間、浮上する都市の興奮と憂愁のチャンスを見逃すことなく、NYという街の情感を丸ごと捉えようとする意志がそこにはある。

「NYタイムズ」の人気漫画家ピーター・アルノ、ハリウッドの貴公子モンゴメリー・クリフト、麗美な金髪女優フェイ・エマーソン、NYフィルの指揮者・作曲家レナード・バーンスタイン、ボクシング世界ヘビー級王者のロッキー・マルシアーノなど、映画や出版、娯楽やスポーツの世界の有名人も数多く撮影している。セレブたちの特性や心象を射抜く眼差しは鋭く、こうしたポートレート撮影はキューブリックの心眼を鍛え、研ぎ澄まさせる貴重な経験となった。

キューブリックは十三歳の時に父親から譲り受けたカメラを手に、思春期から青年期にかけて、世の中の仕組みや人々の生活をレンズを通して観察し、理解し、批判し、共感してきた。ブロンクスの高校を卒業後、キューブリックは両親から強く大学進学を勧められていたが進学を断念し（正確にはNY市立大学に入学後すぐに退学）、一九四六年に「ルック」誌のカメラマンになった。もし大学に行っていたら、そして十七歳から二十一歳までの五年間に世界の底辺と縁を凝視する機会を失っていたら、キューブリックが映画監督としてデビューすることは無かったかもしれない。それほど写真家時代のキューブリックの鍛錬は映画制作の基礎となり、映画監督としての資質に決定的な影響を及ぼした。キューブリックは驚くべきことが頻繁に起こり、多様な人々が入り乱れるNYという街の感情や心理をドラマとして掬い取って行く方法を現場の只中で体得していったのである。

第二次大戦後まもなく「ルック」誌の最年少カメラマンとして働き始めたキューブリックだが、その初期に掲載された代表的な写真シリーズに「NYの地下鉄の愛と生活」（一九四六）がある。深夜の地下鉄の中で疲れ果てて眠りこける男、新聞に読み耽る老人、ホームに横たわる酔っぱらいを背に抱き合う恋人たち……かつてウォーカー・エバンスが詩人・脚本家ジェイムズ・エイジーと組んで作った地下鉄乗客の隠し撮り写真シリーズを思わせるが、キューブリックは演出を厭うことなく、ポーズや照明の指示さえだして撮影した写真も含まれている。キューブリックは初め

「NYの地下鉄の愛と生活」（1946）Museum of the City of New York

からドキュメンタリーとフィクションの入り混じる独特の雰囲気を写真に取り入れようとしていた。というかスナップ写真と演出写真の両方を併用することで両者の境界を曖昧にし、そこで生まれている現実感にキューブリックは魅せられていた。以降、キューブリックは「ルック」の大判誌面をダイナミックに使い、八ページから十六ページのフォトストーリーを次々に発表してゆく。

「歯医者の待合室にて」「ブロンクス・ストリートシーン」「公園のベンチ／愛はどこにでも」（一九四六）「TV、その成長の始まり」「遊園地の楽しみ」「裸の街」「靴磨きの少年」（一九四七）「コロンビア大学」「競馬場」「NY、アートの中心」「洗濯の日々、セルフサービス・ランドリー」（一九四八）「NY、真夏の夜」「犬の生活」「バックステージ・ショーガール」（一九四九）「デートの時に十代の少年少女が知っておくべきこと」（一九五〇）……こうしたピクチャー・ストーリーを編集者やデザイナーと組んで仕上げてゆくプロセスで、構図と構成、フレーミングとトリミング、人工光と自然光、クローズアップとロングショット、コントラストとブレボケ、レンズの選択、カメラ位置とアングル、繊細な影や物語のポイントの作り方等々、レンズを通して見ることの大切さを学んでゆく。★2

深い眼の底から世界を睨むようなキューブリックの眼差しは、物事の暗面や裏面を見ようとする独特の観察力を持っていた。あるいは物語の核心となるものを現実世界に探し回るような動物的な嗅覚や癖を彼は秘めていた。その奇警な批評が浴びせかけられると、見慣れたものが反応し生き返ってくる。ありふれた人々が突然、映画の人物のように呼吸し始める。そうした写真のスタイルをキューブリックはこの時代に編み出していった。

当時、「ルック」誌で活躍していたのはFSA（米農業安定局）の写真プロジェクトに参加していたアーサー・ロスタイン（一九一五〜一九八五）やウォーカー・エバンス（一九〇三〜一九七五）といった、アメリカのドキュメンタリー写真を確立した写真家だった。またその一世代後のダイアン・アーバス（一九二三〜一九七一）やゲイリー・ウィノグランド（一九二八〜一九八四）といった、MoMA（NY近代美術館）の「ニュードキュメンツ」展（一九六七）に参加した写真家も活躍していた。そうした新旧の写真家に揉まれながらキューブリックはアメリカン・ドキュメンツの真髄にも触れてゆくことになる。

「ルック」誌の写真家以外にもキューブリックに影響を与えた写真家がいる。ブルックリン生まれでライカを片手にハーレムの子供たちやストリートシーンを撮ったヘレン・レヴィット（一九一三〜二〇〇九）や、キューブリックがその映画を絶賛した、写真集『ニューヨーク』で知られる、これもブルックリン生まれのウィリアム・クライン（一九二八〜）、タイムズスクエアの催眠性の夕暮れに魅せられ、フィルムノワールから抜け出てきたようなギャングやダンサーを捉えたルイス・フォア（一九一六〜二〇〇一）など、NYへの強い愛憎を秘めた彼らの個性的で斬新なショットの数々が、キューブリックの写真や映画に様々なインスピレーションを吹き込むことになる。

「ルック」誌最後の年にキューブリックは、映画の処女作『拳闘試合の日』の基になった「プライズ・ファイター」というフォトストリーを担当している。『拳闘試合の日』は、ボクサーのウォルター・カルチェの試合当日を朝から晩まで記録した十六分のモノクロ映画で、双子の兄がマネージャーとしてウォルターに一心同体で付き添っているのが印象的だ。眩（まばゆ）いばかりの白と黒のコントラスト、真下から仰ぐ戦闘場面、リングの周りに立ち上る煙や湯気、幾何学形を重視した構図など、フォトジェニックなシーンの連続で、「ルック」誌で撮影した写真を繋げて緊迫感ある流れに仕立てあげたようなストレートなドキュメンタリーとなった。

同じ年にキューブリックは『空飛ぶ神父』も制作している。十一の教会を訪ね歩くためプロペラ飛行機を使い四千マイルの旅をするニューメキシコのカトリック牧師の一日を追った九分の短編ドキュメンタリーだ。この映画も「ルック」誌にいた頃から温めていたテーマであり、遥けさに満ちた空撮と遠景描写、十字架と墓場の情景、人物の超接近撮影など、エイゼンシュタインの『メキシコ万歳』（一九三〇）を思わせる写真的な強度を持つ秀作になっている。

さらにキューブリックは翌年、初の劇場用長編映画で敵地陣地に墜落した四人の兵士の欲望と狂気を描いた『恐怖と欲望』を、また大物ギャングの情婦とそれを救おうとするウェルター級ボクサーの物語『非情の罠』を発表し、本格的に映画監督としてのスタートを切った。『非情の罠』は、ボクサーやショーガール、競馬場やボクシングクラブ、マネキン倉庫といった「ルック」時代に扱った素材や場所を巧みに使った緊張感に満ちた映画となる。

初のハリウッド長編映画『現金に体を張れ』は、同時に生起する出来事を並べて描いてゆく非線形的物語であり、通常の映画の時間の流れを再編し複数の視点を集約してゆ

セルフ・ポートレイト（1949）

くような特殊な映画になった。対象の捉え方の強さ、影の縁の明確化、カメラアングルの厳密性、光の繊細さ、リズミカルな運動感など、キューブリック独特の「写真／映画」の雰囲気が生み出されている。

一九五〇年代のキューブリック映画は、彼が強い関心を持ち続けていたフィルムノワールの、劇的な照明効果による影の質感や光の階調といった要素が映画の核となっている。そこに「ルック」時代に習得した特異なアングルや人物や表情のクローズアップ、遠近感を強調したロングショットといった多彩な視覚効果を応用していった。写真のカメラと映画のカメラは違うが、その二つの異なったレンズの特性を融合し、見る者の感情や心理に訴えかけるようにキューブリックは映画制作を進めていった。写真的なショットをより豊かに映画という時間の流れへ解放してゆく方法論といってもいいだろう。

『博士の異常な愛情　または私は如何にして心配するのを止めて水爆を愛するようになったか』で、キューブリックは敬愛していた写真家ウィージー（一八九九〜一九六八）をアドバイザーに迎え入れ、スチール写真も依頼している。ウィージーはNY市警そばに拠点を構え、警察無線を車のラジオに搭載する許可を得て、事件や事故の現場にいち早く赴き、スクープ写真を連発したことで有名な元祖パパラッチ写真家であり、路上での犯罪や都市の闇へストロボフラッシュを浴びせ、そのクライマックスの瞬間を暴きだしたが、キューブリックと入れ替わるように一九四七年にはハリウッドへ移り、俳優業の傍らスターたちのスナップを撮っていた。

キューブリックは「ルック」時代の撮影で、ウィージーの写真集『裸の町』（一九四五）を原作とするジュールス・ダッシン監督の同名映画『裸の町』（一九四八）のセットを訪ね、取材撮影したことがあった。非常階段で抱擁するカップルや劇場裏の路地で接吻する恋人たちの姿態や異様な眼の反射を赤外線写真で夜間撮影したウィージーの写真は、キューブリックの写真シリーズ「公園のベンチ／愛はどこにでも」へもダイレクトに影響を与えていた。

『シャイニング』でも写真家キューブリックのセンスはいかんなく発揮されている。『シャイニング』は絵画の一点透視図法が多用されていることで知られている。カメラ・オブスキュラや写真の原理となったこの遠近法は、奥行きへ向かい全ての方向線が消失点へ放射状に収斂してゆく構図であり、雪に閉ざされた山荘のホール、巨大迷路の構造、廊下や階段の組み合わせなど、映画の中にこの透視図法を見ないシーンはないと言っても過言ではない。キューブリックはこの一望に見渡せる、遠近感の強調された写真的構図を好み、その構図内へ様々なエレメントを配置しようとした。一点透視図法は現象や出来事を正確に統合的に把握する最も有効な技法だった。

対象にフラッシュを直射し、人物や風景を正方形の画面に取り込んでゆく手法で知られ、一九七一年に自死した伝説的な写真家ダイアン・アーバスへのオマージュも見逃せない。キューブリックはアーバスの代表的な写真である「一卵性双生児」（一九六七）にそっくりの双子の少女のシーンを『シャイニング』に挿入し、劇的な宙吊り効果をもたらした。一九四〇年代から夫アランと共にファッション写真を手掛け「ヴォーグ」や「エスクァイア」などで活躍していたアーバスは「ルック」でも仕事をしていて、五歳年上のアーバスは入社後まもないキューブリックを気に入り、様々なアドバイスをしていたという。

巨人、小人、双子、三つ子、サーカスの役者、ヌーディスト、性同一性障害者、女装者……アーバスはいわゆる「フリークス」を正面から扱った写真家として知られる。しかしフリークスの異様な仮面の下に隠された親密な素顔を捉えるだけではなく、逆に普通人のありふれた表情の奥に潜む不気味な不穏さも表象しようとしていた。その写真には怪物性と親密さが二重になり、強度として写しだされる。全ての形は正しく見ると美しいのだ。アーバスはレンズを介して自分に取り憑いてくるイメージから自己を解放するために撮影した。封印していたものを畏れと共に目覚めさせる。カメラはそのための通行証であり、その二重性を剝ぎ取る力さえ持っていた。キューブリックのアーバスへのオマージュは写真の本質へのオマージュでもあった。

　アーバスはオーストリア系ユダヤ人の出自である。アーバスの師だったリゼット・モデル（一九〇一～一九八三）もウィーン出身でアメリカで活躍したユダヤ人であり、アーバスが影響を受けたウィージーもオーストリアのレンベルク生まれのユダヤ人だ。キューブリックの父ジャックもオーストリア系ユダヤ人の医者であり、同じオーストリア系ユダヤ人の母ゲルトとはユダヤ式結婚式を挙げている。

　ウィーンの作家アルトゥール・シュニッツラーの「夢小説」を原作としたキューブリックの『アイズ ワイド シャット』は、十九世紀末ウィーンから二十世紀末ニューヨークへ舞台は変わったが、シナリオは原作に忠実に書かれている。キューブリックの死の六日前に完成したこの遺作は、ありふれた結婚生活に内在する、性に関する矛盾した精神

『シャイニング』

状態に着目している。性的妄想や実現されなかった夢を現実と同じように大切なものとみなし、そのシームレスな関係性そのものを映画の中で具体化していった。

主人公は妻が浮気をしているという妄想に取り憑かれ、夜な夜な深夜の街をあてどなく彷徨（さまよ）い歩く。平常心を失っている男は郊外の館で開かれていた秘密の妖しい仮面パーティへたどり着く。

合言葉を忘れ、立ち往生する男に仮面の人々が叫ぶ。「仮面を取れ！」仮面を被る者たちの面前で一人だけ素顔を晒すのは着衣の人々の前で、いきなり裸になるより何倍も耐えがたい。

その秘密パーティの幻影に付き纏（まと）われながら甘い官能の疼（うず）くまま夢とも現実ともつかない夜の闇に紛れる。興醒めだとその時は感じていた出来事が、実は別の意味を帯びていたことがわかってきて、自分が最も奥深くに隠して持っていたものが作動し始める。淡々と過ぎてゆく日常生活に隠されていた衝動が赤裸々に暴露される。その瞬間が写真の連なりとして描かれる。心の最深部の密やかな領域が写真により暴かれ、危険な渦が巻き起こってゆく。

『アイズ ワイド シャット』は隠されてあるものを暴く映画である。結婚している男女の根深い情欲と妄想を扱うため、実際に結婚している男女が出演者として選ばれた。そのことで映画は二重三重に隠されてあるものを暴く映画になった。当時、結婚していたサイエントロジー信者のトム・クルーズとダイアン・アーバスを演じたこともあるニコール・キッドマン、このキャスティングによって、現実と非現実と映画という境界をスクランブルさせる。遺作は現実をより深く、多重に暴きだす「写真／映画」なのだ。

一夜の出来事が一生の全ての出来事を合わせたよりもずっとその人の心の底を表すことがある。

一枚の写真が生きてきたこと全てを合わせたよりもずっと自分の心の闇を表すことがある。

誰もが抱え込む妄想や夢想が写真の連なりとしての映画という形式で探究される。そこには欲望をなんとか抑え込もうとする理性的社会の構造と、その欲望と現実の狭間で生きてゆくしかない人間の性（さが）への持続的な眼差しがあった。キューブリック映画の特性は写真というメディアにより挑発され生まれてきた。表層としての写真ではなく、最深部を暴きだす写真への強い志向である。ある時に意味深い決定的な告知を受けていたことがずっと後になって初めてわかるような。幼年時代に「死」という言葉の意味を、死の予感と共に身震いしながら受け入れたような。

『アイズ ワイド シャット』

写真は単に映画の一コマなのではない。写真は映画の成立を可能にするものであり、映画の隅々に纏わりついている。写真が無ければ映画からは決定的なものが欠けてしまうだろう。写真はある構造的必然性により映画内へ入れ子状に巻き込まれてある。内部から映画の深部を暴きだすために。写真は映画というシステムそのものに書き込まれ、映画が現れるための場を創出させている。

キューブリックにとって写真はそのような存在だった。「仮面を取る」ことは、「写真を撮る」ことだった。それが写真の本質を浮かび上がらせる。キューブリックは死の間際の遺作で、自らの出自を秘めたその本質を再確認することになった。

（いとう・としはる／美術史家）

注

★1 Through a different lens: Stanley Kubrick Photographs, Museum of the City of New York, New York, NY10029, 2018.

★2 これらのキューブリックの写真は展覧会のカタログとして出版された以下の写真集に収録されている。
Through a different lens: Stanley Kubrick Photographs, Taschen Gmbh, koln, Germany, 2018.

Kubrick Words 1
キューブリックは語る

私は映画作りについて何も知らないことを分かっていた。だが私は自分が見ていた大部分の映画より悪いものは作れないだろうと信じていた。悪い映画は、私に映画を作ってみる勇気を与えてくれた。

［アレグザンダー・ウォーカー『スタンリー・キューブリックが監督する』（デイヴィッド・ヒューズ『キューブリック全書』内山一樹・江口浩・荒尾信子訳、フィルムアート社）］

確かに写真撮影は、私に映画への第一歩を与えてくれた。私が始めにしたように一本の映画をまるっきり一人で作るためには、あらゆること全てに精通している必要はないかもしれないが、写真撮影については知っていなければならない。

［ミシェル・シマン『KUBRICK』内山一樹監訳、白夜書房］

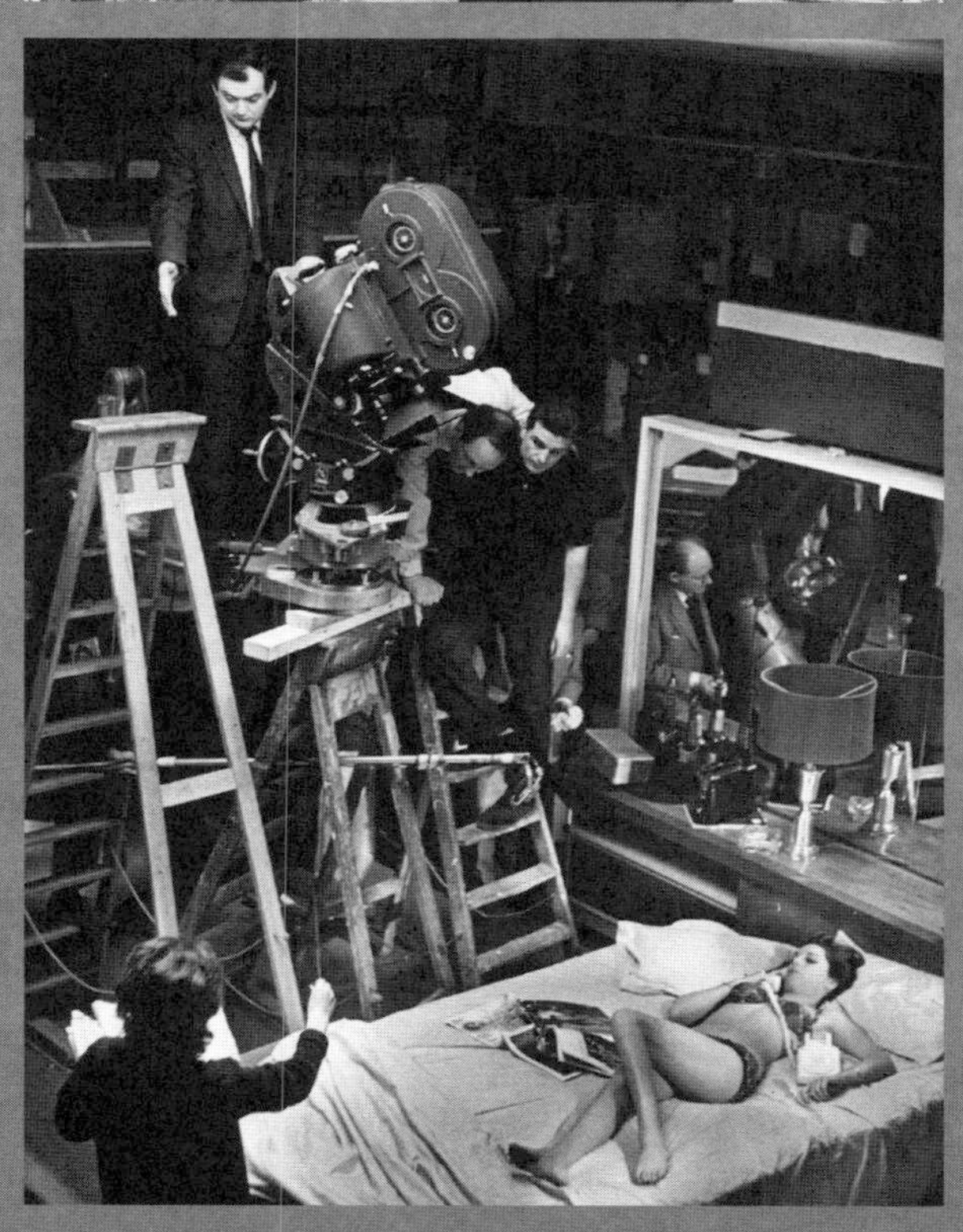

日本の映画や演劇が人生の真実を本当に語ろうとするなら、それは安易な結論や紋切り型の思想に陥ることを避けるためにも、間接的な手法を取らなければならない。伝えようとする視点はありのままの現実に重ね合わされた上で、観客の意識の中にさりげなく注入されなければならない。真実を捉えた有意義な思想とは、概して多面的であるため、それ自体が真正面からその存在を知らしめることはない。そうした思想は観客によって「発見」されなければならない。観客が自らの発見に感動することで、それらはいっそう力強いものになる。

[「サイト&サウンド」一九六〇年／六一年三〇号(「イメージフォーラム」一九九九年秋号)]

エイゼンシュテインは形がすべてで内容はない。一方、チャップリンは内容で形がない。もしどちらかを選ばなければならないとしたら私はチャップリンをとる。

[ミシェル・シマン『KUBRICK』内山一樹監訳、白夜書房]

ある特定のジャンル——西部劇、戦争映画等々——にこだわって映画を作りたいとは思わない。ただし時代の感性を体現する作品を作りたいとは思っている。現代の物語でその時代の感性を心理学的に、性的に、政治的に、そして個人的に表現するものを——。それが何よりも一番作りたい映画だ。そして、それが最も製作が困難な映画でもある。

[「オブザーバー」一九六〇年一二月四日号(「イメージフォーラム」一九九九年秋号)]

Kubrick Words 1

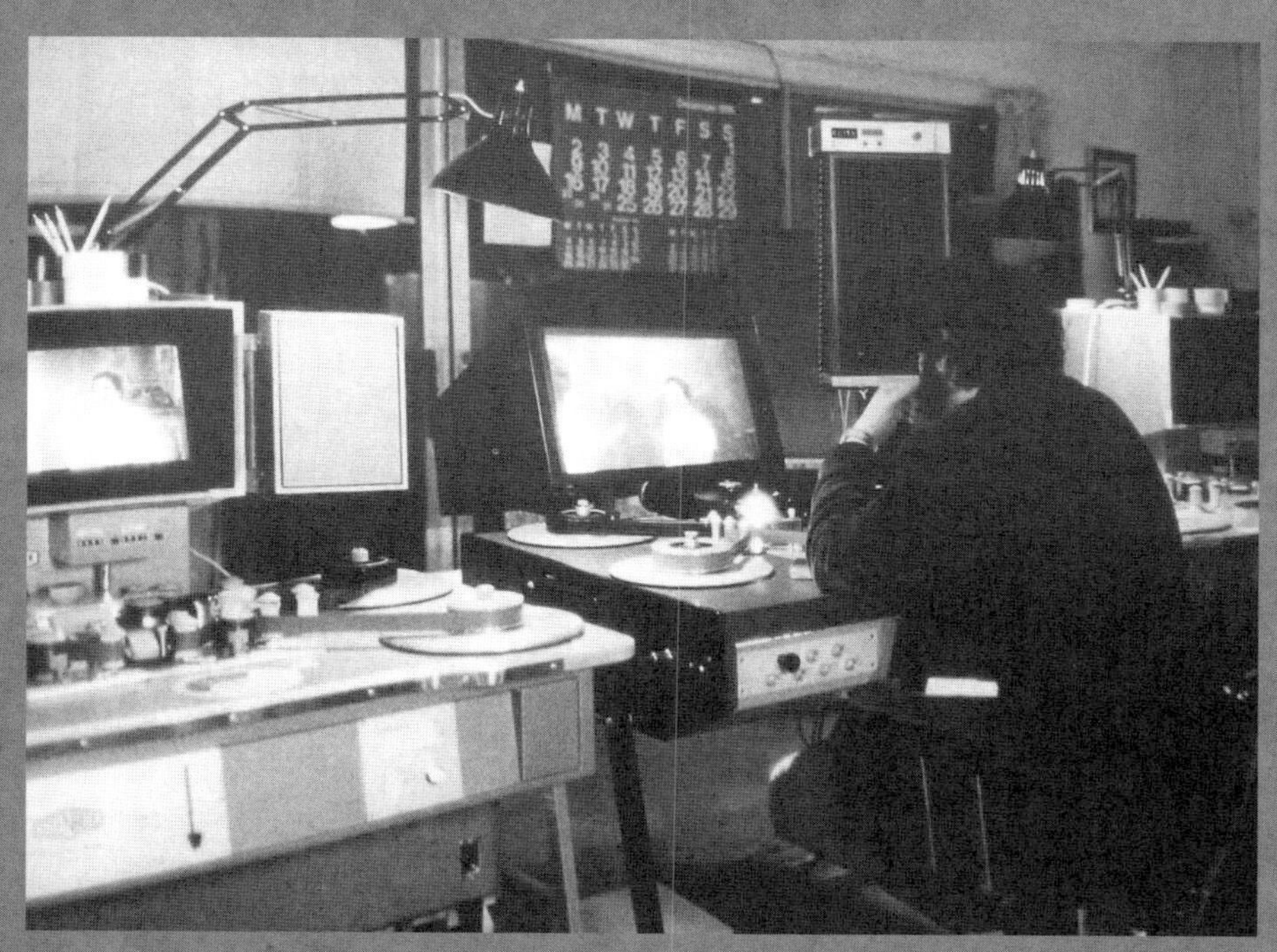

私は編集が好きだ。映画作りの他のどの段階よりも好きだ。軽薄だと思われてもよければ、私は編集に先立つすべてのことは、ただ単に編集用のフィルムを作り出す作業でしかないと言いたい。編集は他のどんな芸術の形式にも似ていないものなのだ。これはいくら強調してもしすぎることがないほど重要なことである。

[デイヴィッド・ヒューズ『キューブリック全書』内山一樹・江口浩・荒尾信子訳、フィルムアート社]

■論考■

完璧と偶然のはざまに

川口敦子

改めて振り返るとこの仕事を始めて四半世紀を優に超えた今の今までスタンリー・キューブリックについて書く機会、殆んどなかったと他人事みたいな感慨を噛み締めている。要は〝私の映画史〟上でキューブリックが特別のひとりだったりはしなかった、熱心なファンではなかったということで、先日、彼をめぐる二本の興味深いドキュメンタリー『キューブリックに魅せられた男』(二〇一七)、『キューブリックに愛された男』(二〇一五)を友人と続けているウェブサイトでのおしゃべり会でテーマにした折も、高一でTV洋画劇場で放映された『博士の異常な愛情 または私は如何にして心配するのを止めて水爆を愛するようになったか』を見たのが初めてのキューブリック、監督よりピーター・セラーズ凄いと印象に残ったと恥ずかしながらの告白をしたばかりだ。封切り当時、今野雄二氏お薦めだったた『バリー・リンドン』にミーハーとして駆けつけたのが銀幕での初対面、『2001年宇宙の旅』も『時計じかけのオレンジ』もリバイバルや名画座でとりあえずフォローしてはいたもののベルトルッチに出会った時のような衝撃を受けることはなく、仕事を始め試写として最初に見たキューブリック映画『フルメタル・ジャケット』にしても、もちろん圧倒され打ちのめされ感じ入りはしたもののアルトマン『ストリーマーズ』(一九八三)の方が好きと心の中で呟いて、人生を変えられるまでのことはないままに通り過ぎてきた気がする。先のおしゃべり会で友人のひとりが小学生の時、テアトル東京『2001年宇宙の旅』に行ったら満員で入れず仕方なく東劇『猿の惑星』に回った、中学で『時計じかけのオレンジ』鑑賞後に求めたパンフレットをこんなもの見てと親に捨てられたと、ちょっと自慢げに懐かしく吐露する様にこれがファンというものよねと、理不尽なシット心をかき立てられたりもしたのだった。

神格化された存在への子供っぽくへそ曲がりな反発もあってほぼ素通りに近い形で接してきたキューブリック映画、遅ればせながらそれが気にしてみたい存在になったのは二〇一三年、幻のデビュー作『恐怖と欲望』を前にした時のことだ。完璧主義の監督が「アマチュアの仕事」とプリントを買占め封印した——との逸話にさもありなんと頷きたくなるような、唐突な繫ぎや、その結果、突出しているアップ等々、見逃し難い未熟さの瑕はしかし、どこでもないどこかで起きている戦争にさまよい込んだ四人の兵士の実存的迷走を掬い取るモノクロの時空、そこを制御しようとする青年監督の緊密な意志とは裏腹に、ノンシャランと吹き込んでいっそたおたかに木々を揺らす風や木漏れ日の、詩とリアルをないまぜにした清新さ、みずみずしさゆえにいつしか帳消しにされていく。代わりにテレンス・マリックの近作とも通じるような内声の共鳴が紡ぐ奇妙な物語り術の新味にこそ目を、耳を奪われていく。

一九五三年、二十四歳のキューブリックがものした一作の親密な肌触り。新しさ。それは、低予算、キャメラをはじめとする機材の不備ゆえに採らざるを得なかった知恵と工夫、いわば不自由というチャンス／偶然の賜に他ならず、そんなふうにどこまでも完璧をめざしながら、思いがけず開いてしまった風穴を案外、駆逐しないで結果的には活かしているキューブリックという監督、ごりごりに固まった世間一般の彼に対する思い込みとは別のやわらかさ、その妙味に気づいてみると、素通りしてきた彼の映画、とりわけ初期の映画たちの面白さを辿ってみたいと熱望せずにはいられなくなる。

実際、思い返せばつきもののように出てくる完璧主義の巨匠、冷たく人嫌いの隠者、コントロール・フリーク等々の形容、そこから浮上する怪物的なイメージや先入観にたたられて、もしかしたらキューブリックとその映画に率直に向き合うことを端から放棄してきたのではなかったか。まずはイメージのキューブリックを覆すことから始めなければ——と、反省した矢先、『フルメタル・ジャケット』そして『地獄の黙示録』(一九七九)にも貢献したヴェトナム特電』で知られるマイケル・ハーが、八〇年『シャイニング』のプレミアで出会って以来のキューブリックとの友情を振返る回想録『KUBRICK』(Grove Press) でまさに批評家やマスコミが作り上げたキューブリック像に物申しているのを確認し、心強い味方を得た気になった。

「彼は生真面目な議論を思春期独特の程度の低いユーモア(いってしまえば中二的に猥褻なそれなんだが) でなごませる術を心得ていた」と書くハーは、『ロリータ』のオープニング・クレジットの背後にぷくぷくとあどけなさを残した少女の白い足の指にあまやかな嘆息を呑み込むような丹念さでペディキュアを施すハンバートを切りとり、「ナボコフ的リリカルなエロティシズムの気色」、原作のエッセンスを射ぬく世界をそこに素早く打ち立てて、おもむろに「コメディ」の幕を上げる未然形の巨匠の巨匠らしからぬ若々しさ、微温の感触、中二坊主にも通じる悪戯でやわらかな感受性のことこそを読者に想起させようとする。あるいはその映画『ロリータ』が放たれた六二年当時、キューブリックは新しい風の吹く方を指し示すモラルのバロメーターだった、いつでも彼はヒップだった——と、つまり極言すれば〝おしゃれな〟存在としてのキューブリックを〝神〟〝怪物〟〝権威〟と固まりすぎた窮屈なイメージにぶつけたりもしてみせる。

そういえばと上滑りな共感を吐き出してしまえば、晩年のスティルでおなじみの前頭部が禿げ上がった蓬髪に髭、アノラック姿のキューブリックについつい重ねたくなるなりふりかまわぬ変人像をみごとに裏切って、ハーの著作のモノクロの表紙を飾るキューブリックは『博士の異常な愛情』のあの円形の国防省作戦室のセットに陣取り逆光の中、若き日の三國連太郎みたいに端正な面差しをこちらに向けている。そのものいいたげな青年の風情は何ともチャーミングで、怪人のイメージを小気味よく蹴散らしていく。あるいは『映画監督スタンリー・キューブリック』(ヴィンセント・ロブロット著、浜野保樹・櫻井英里子訳、晶文社)にも「ルック」誌の写真家を卒業し映画監督を目指した頃のキューブリックをめぐるこんな記述がある。

『ルック』誌の同僚の影響をまだ引きずっていた当時のキューブリックの髪は、きれいにカットして整えられ、カジュアルに横分けされていた。ヨーロッパのスタイリストたちの影響を受けたニューヨークの職業人の間で流行っていたスタイルだった」

同じ著作でロブロットはまた最初の妻トーバがグリニッチビレッジのクラブやカフェでよく見かける「暗めで思いつめたような」女性たちのようにダークな服を好んで纏い黒い髪を長くのばして前髪はきつく描かれた眉毛の上あた

『恐怖と欲望』

りで切り揃えていた。「ビート世代の子供」だったとも記している。時代の先端をいくニューヨークのおしゃれカップルとしてそこにいたキューブリック、流行にそれなりに目配せもするような、神よりは人らしいひとりとしての彼に気づいてみたらと促すように——。

ちなみに夫妻の姿は『ロリータ』のクールでヒップな黒縁眼鏡の放送作家クレア・キルティとその脇に無言で控える謎の黒づくめ美女そのままとも映り、映画のキルティにキューブリックの分身を見るいくつかの評もあるのを思い起こせば、『恐怖と欲望』に見て取れた自分探しの末の分身殺しのプロットと同様のことがキルティへの発砲で全篇をフックエンド然と挟むここでも行われていたのかと今さらながらに確認する。確認しつつ、そんな実存主義かぶれなノワールの筋を玩(もてあそ)ぶ青年監督の微笑ましい若さ、はたまたそのテーマの青さのようなものがしかし、最晩年の『アイズ ワイド シャット』に至るまで決して成熟とか老成とか頽廃の色に変わることなく生き延びて、(外見は偏屈老人化したとしても)巨匠の世界の核心で息づいていたのではないかしらと、見直すべき課題がもうひとつスリリングに頭をもたげてもくる。

少し先走ってしまったが再びハーの著作に戻ると、彼はそのおおらかな愛に満ちて屈託ない回想録の終わりに『シャイニング』で活用されたステディカムの創始者で技術分野での〝伴侶〟としてキューブリックを支えたギャレット・ブラウンの言葉——「キューブリックとは完璧のつかまえ難さについてよく話し合ったものだ」を引き、「大いにありそうなことだと確信する。なにしろそれ、完璧のつかみどころのなさこそがスタンリーの主題そのものだったから」と締めくくる。冷たく人間味のない完璧主義者のイメージの向こうにそうやって不可能をみすえ続けたクールで熱いひとりの人の姿を刻みつけていく。

完璧のつかまえ難さ。もちろんそれはまず、キューブリックの映画のプロットを裏打ちする主題として見出せもするだろう。例えば『現金に体を張れ』。綿密に練られた競馬の売上金強奪計画の一切を犯行に加わる個々の時間軸でなぞる映画では、子犬を連れて登場したスナイパーが凶行時、身から出た錆の不運な偶然で命を落とすのと照応するように高飛びを決めようと空港に辿り着いた首謀者もまた老婦人の子犬、その予期せぬ暴走という事故／偶然のせいで、風に舞う札束を呆然と見守るはめになる。そんな不意打ち、皮肉な偶然の一致で完璧と思えた盗みの筋書きが脆くも崩れ落ちていく。『ロリータ』にも『博士の異常な愛情』にも見出せそうな偶然の落とし穴、完璧の手に入れ難さ。そうやって偶然と完璧の狭間に在る人と世界をみつめるキューブリック映画が一方で時代という必然の偶然、シンクロニシティと呼んでもよさそうなものの恩恵を完璧に被っていそうなことにもまたこの際、注目しておきたい。

一九四五年、十七歳でグラフ誌「ルック」の見習い写真家となったキューブリックは二年後の夏、ニューヨークで『裸の町』を撮影中のジュールス・ダッシン監督を取材している（『STANLEY KUBRICK AT LOOK MAGAZINE』フィリップ・マーサー著、Intellect）。結局、記事として掲載されずに終わったものの、ストリートの生な空気を切りとったこのセミ・ドキュメンタリー・タッチの快作のロケ現場に触れ得たこと、そこに居合わせたという幸運は映画史上のささやかだけれど大事な奇跡としていかにも見逃し難い。

短編『拳闘試合の日』そして長編第二作『非情の罠』に切り取られたストリートの肌触り、そのざらりと未加工の時空のスタイリッシュな磁力。それはロッセリーニ等、イタリアのネオリアリズモに感化されたというダッシン、そしてノワールに限らず同時代の、ハリウッドを少し離れた米映画に吹き込んでいた新風とも共振し、同時にまた映画小僧として国内外の新作を見まくっていたというキューブリックの居場所をも思わせずにはいない。

　面白いのは自主製作した『恐怖と欲望』の公開に向けキューブリック自らが売り込みに出た相手がニューヨークで他ならぬロッセリーニやデ・シーカを初めて紹介した興行主ジョージ・バーンスティンだったこと。アートシネマの専門館を運営しながら、商売にかけては手段を選ばぬ食わせ者だったらしいバーンスティンは『無防備都市』（一九四五）を「セクシー」のキャッチフレーズで宣伝したという強者で、この時点ではまだ『Shape of Fear』と名づけられていた青年監督のデビュー作に扇情的なdesire欲望の文字を付加するようにと提案。メキシコ時代のブニュエルの『乱暴者』（一九五二）との二本立て興行では〝2 SEXATIONAL THRILLERS FOR ADULTS ONLY〟との看板も掲げている。いっそう興味深いのはこの売らんかなのバーンスティンの姿勢に抗うどころかキューブリックが協力さえしていることで、兵士と遭遇する村娘を演じたヴァージニア・リースの胸を強調するような、しかも映画の場面としてはないスティルをわざわざ撮影したりもしたらしい（『STANLEY KUBRICK A BIOGRAPHY』ジョン・バクスター著、Harper Collins）。この時代、アートシネマといえば殆んどが伊仏の監督作だったためアメリカ人監督の手になる一作ということで地元メディアに受けて、無名の監督作にしてはそこそこのパブリシティがとれたともバクスターは書いている。果たしてここでいう〝アートシネマ〟が『ロリータ』の中で使われたような〝ポルノの意味だったのかは定かではないのだが、時代と場所に居合わせる幸運を五〇年代半ばニューヨークでスタートを切ったキューブリックにもう一度、見出しておくことはできそうだ。

　微笑ましい野心に満ちてもいたような若きキューブリックが『恐怖と欲望』の次に放った劇映画第二作『非情の罠』はプロット上の破綻が目につく若気の至りの失敗作とみなされもしたものの、繰り返せばロッセリーニを見て「アマチュアの演技者と現実の場所を使っても映画は撮れる」と励まされたという青年監督ならではの閃き（ひらめ）が眩（まぶ）しく目を撃ち再評価を要請する。それはまた七〇年代末、同様に技術はなくても撮れるとギターや絵筆をカメラに持ち替えたNYダウンタウンのポストパンク世代のインディたち、ベス&スコットBやエイモス・ポー、そしてジャームッシュ等の映画の先駆けとしても見直してみたくなるような新鮮さを差し出しもして、クールの系譜を改めて思わせてもくれる。『2001年宇宙の旅』以降の神格化された巨匠とは別の生気にうっとりと見惚れたくなる。

ブロードウェイのまばゆい光の中で人を待つ主人公にまとわりつくふたりの酔っ払いを追う移動撮影（レールを敷けず走る車の中から手持ちのキャメラで撮ったという）の躍動感。ロケ地でまさに偶然見つけたという階段ホールの看板「足下に気をつけて」のプロットへの心憎い映し込み方。街に出て撮る映画に吹き込む軽やかで生々しい生のリズムや香りや色の鮮やかさ。にもかかわらずストリートの映画の可能性に蓋をして、その後のキューブリックはそそくさとセットの映画へと向かっていく。完璧主義を完遂させる時空へと潜り込んでいく。

「ロケに赴くことで撮影所のセットの中では得難い雰囲気が掬い取れる、その大いなる効用」を認めつつも「自分自身も俳優たちも戸外では集中力を乱され気もそぞろといった事態に陥る」――六三年六月、『博士の異常な愛情』の撮影と前後して「サイト&サウンド」誌に発表したエッセー「私は如何にして心配するのを止めて映画を愛するようになったか」でロケ撮影の不利をキューブリックはそんなふうに綴っている。同じ文中、写真家としての経験を積んだことでぎりぎりの土壇場を切り抜ける術を身につけたと臨機応変な撮影への自信を洩らしながらも、より完璧さを追い求め偶然を締め出し全方位的制御が可能なセットの映画へと向かう中で、キューブリックがそれでも最後の〝風穴〟――偶然の付け入る余地――として残したのが即興の達人ピーター・セラーズという存在ではなかったか。『ロリータ』『博士の異常な愛情』で共に一人三役をものしたセラーズに、いつもは膨大なテイク数で俳優を追いつめる完璧主義者キューブリックは例外的な無法地帯を許容してみせた。三台のキャメラで一回性に賭けるようなアドリブの洪水を逃さず映し撮ろうとした。そこには確かにあったはずの完璧と偶然の危うくも美しい均衡。それが『2001年宇宙の旅』の後、スタジオと交わした特権的な契約に守られ完璧なコントロールの領分を保証されると共に失われ、完璧主義の極だけが肥大していく。そこから生まれたその後のキューブリック映画の完成度に圧倒されながら、でも、あの勝手に意志を持つ片腕を持て余すストレンジラヴ博士／セラーズの気まぐれな狂態に出くわし懸命に笑いをこらえるソ連大使役のひとりの、コントロールも計算も忘れた瞬間を、偶然の輝きを平然と掬い放置し得た頃のキューブリック映画の闊達（かったつ）な楽しさを、少しだけ懐かしみたくなるのは私だけだろうか。

（かわぐち・あつこ／映画評論家）

『博士の異常な愛情』

■論考■

キューブリックとかかわってはいけない

滝本誠

一九七四年、東京は池袋の西武百貨店にて、イギリスのポップ・アーティスト、アレン・ジョーンズの世界展が開催された。三月一五日から二〇日という短期展であったが、仕切ったのは自然館という、ミステリアスな会社だった。この自然館によって、ジョーンズの代表作の一つといっていい、豪華な『WAITRESS』、そして映画、TV、舞台へと展開を記録した『アレン・ジョーンズ・プロジェクト』が刊行され、日本に紹介されることになったのである。

前者は、タイトなブラック・レザー衣装のくりぬかれた穴から、みごとに美しいお尻がむきだしとなったウエイトレスが、ロンドンほかイギリスの有名パブ、ホテル・ラウンジなど二十五ヵ所を舞台にさまざまなポーズをとっての写真集である。三点のリトグラフ作品がついて百二十五部限定、当時の価格で一四五〇〇〇円の表示があった。これは当時の平均的初任給のほぼ倍にあたる金額であり、当然手がでるものではなかった。無念が残ったのか、三十年後にリトグラフ二点欠けの品をなんとか購入した。

この作品集がなんといっても興味深いのは、アレン・

ジョーンズが『時計じかけのオレンジ』初期プロダクションとして提出した〈ミルク・バー〉に登場させるウエイトレスの衣装コンセプトがどのようなものであったかをとどめていることである。〈ミルク・バー〉なら尻ではなく、胸の露出がふさわしいとおもわないでもないが、そのあたりも打ち合わせであったかもしれない。作家の妻のレイプ・シーンにおける、衣装の切り抜きに、キューブリックが打ち合わせ時のジョーンズのいくつかのアイデアをいただいたとも考えられる。そもそも、『時計じかけのオレンジ』は、一九六〇年代ポップ・アート手法によってキューブリックが成立させた作品である。タイトル・デザインの背景は、これまた色面（カラー・フィールド）絵画のより純粋化したものといっていい。どのようにアートを取り込もうが、元の素材をゴージャスに変換させてしまうあたりが、キューブリックの驚異（スタッフ、キャストには脅威といっていい）の粘着気質なのだ。

　キューブリックがアレン・ジョーンズの名を知ったのは、一九六九年のジョーンズの個展がイギリスのマスコミで一大スキャ

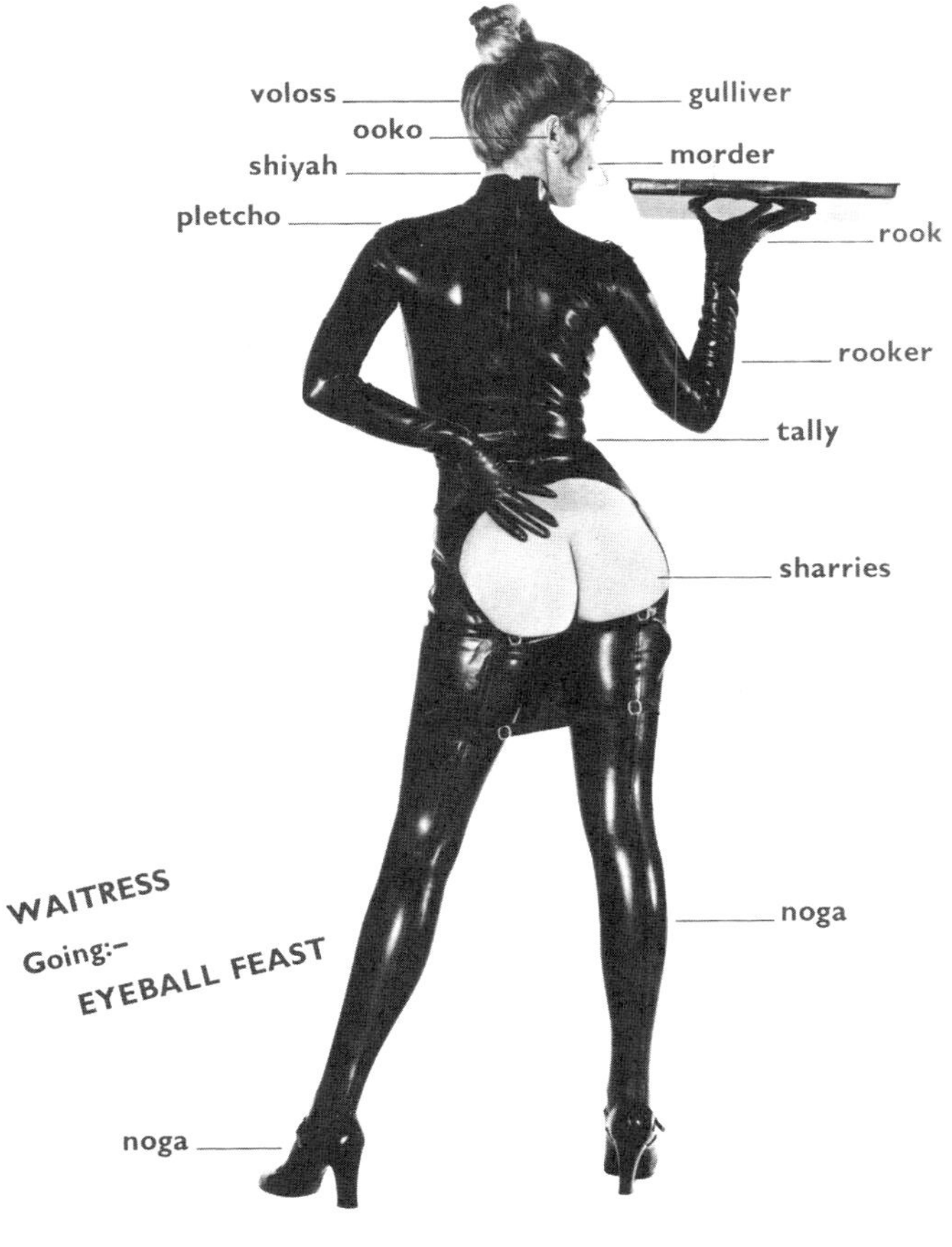

アレン・ジョーンズ『WAITRESS』

ンダルを巻き起こしたことにある。ブラック・レザーの女性マネキンにポーズをとらせ、マットとガラス板を組み合わせての、女体による椅子とテーブルという立体作品であった。家具としての女体、このアイデアはアイデアとしては以前からあった（逆想としてはたとえば、わが国の江戸川乱歩『人間椅子』）が、ジョーンズほど明快なSM家具として世に出したアーティストはいない。フェミニストたちは激怒した。『時計じかけのオレンジ』準備中のキューブリックはこの女体家具に興味を持った、というより、ここからアイデアが噴出したといっていい。そもそもが〈思春期の男の子のレイプ願望、暴力衝動〉に端を発する原作であり、その映画化なのだ。

一九七〇年二月六日の日付をもつキューブリックからアレン・ジョーンズへの連絡の文面は次である。

Dear Mr. Jones
I am preparing my next film. "A Clockwork Orange", by Anthony Burgess, and I have something I should very much like to discuss with you. Is it possible to give me a ring at any time during the day.

『時計じかけのオレンジ』の女性アーティストの部屋に鎮座予定の巨大ちんこを運んだことから、キューブリック付きの運転手となった男のドキュメンタリー『キューブリックに愛された男』（二〇一五）を観ても、用があろうがなかろうが、相手の都合おかまいなく電話をするキューブリックの電話魔ぶりに恐怖を感じたが、あのドキュメンタリーを観た後に、「give me a ring at any time」を目にするのはちょっとした戦慄である。いつでも電話を。最初はあまいささやきであるが、すぐに、この〈いつでも〉は相手にではなく自分にのみ適用されると知るわけだ。

なぜ、このような依頼メモを公表したか？　アレン・ジョーンズのキューブリックへの憤懣（ふんまん）がそうさせたのである。結局、なんどかの打ち合わせをおこない、ジョーンズはやってられないとプロジェクトへの参加を正式に拒否した。なによりもキューブリックの、おれの映画に参加できるだけで名誉だと思え、という態度にブチ切れたようである。すくなくともジョーンズにはそう思えたらしい。

理由はどうであれ、放棄に至った自作ウエイトレスのコスチュームを生かしての、独自のプロジェクトが前述の作品集『WAITRESS』なのである。キューブリックがアレンの代役に選んだのが、『2001年宇宙の旅』のスター・

『時計じかけのオレンジ』

チャイルドを制作した女性彫刻家＝リズ・ムーアであった。リズはここでもキューブリックを感嘆させることになる。リズはみずからの造形力のプライドにかけて、アレンの女体単体ポーズとは異なる、より挑発的な逆反りポーズを考案した。二体のマネキンの脚を交差させ、互いのヴァギナを膝攻めというキャンプ性に徹した女体交接テーブル（むろん単体使用も可）はキューブリックを喜ばせたにちがいない。ヴィジュアル・ショックとして映画の成否は〈ミルク・バー〉の煽情にかかっていたからだ。殺害されるアーティスト、キャット・レディの部屋には別の美術チームが作成した、トム・ウエッセルマン風裸体アート＋造形美を誇るちんこ。作家邸でのレイプ・シーンの遊びが過ぎたか、公開後、地方都市で、十七歳少女をレイプした犯人が〈雨に唄えば〉を歌っていたことでマスコミ、世論は逆上、ついには家族に危害が及びそうになり、キューブリックは映画のイギリス国内においてはみずからの生存中の上映禁止を決断するに至るのである。

　そうしたことも加えて、特に〈ミルク・バー〉シークエンスは、映画における、奇抜なアート・インスタレーションとして、出色の輝きを今も放っている。

キューブリックとかかわってはろくなことにならないという不文律は『現金に体を張れ』に脚本家として雇われたノワール作家ジム・トンプスンのクレジットをめぐっての深い失意以降、多くの作家やアーティストに共有されていたように思われるが、アレン・ジョーンズの反旗はそのことをあからさまにした。

ちなみに、アレン・ジョーンズの『プロジェクト』と同年、『ロリータ』でキューブリックとかかわった原作者ウラジミール・ナボコフも『Lolita: A Screenplay』を刊行、序文でキューブリックへの恨みつらみを述べている。次の一文こそ、キューブリックのとらえようのない性格をみごとにとらえている。

I did not sure whether Kubrick was serenely accepting whatever I did or silently rejecting everything.

この期に及んでも、ナボコフはserenely とsilentlyと接近した音列語を並べて、さすがというしかない。このようなコミュ力欠如のキューブリックにせっかちなスティーヴン・キングが耐えられるわけがない。それもあって、あの『シャイニング』事件が勃発した。

『時計じかけのオレンジ』

『2001年宇宙の旅』にインスパイアされつつ、皮肉をきかした〈スペイス・オディティ〉のヒットで浮上のきっかけをつかんだデイヴィッド・ボウイはおそらく音楽業界最大のキューブリック・チャイルドであろう。〈ジギー・スターダスト〉ツアーのオープニング曲に、ウォルター・カルロス版〈第九〉を選び、〈サフラゲット・シティ〉の歌詞には、droogie（仲間）も使っている。ジギーはグラムなアレックスというわけだ。ボウイはツアーのさなか、あたらしいペルソナ＝アラジン・セインを創造するが、その化粧＋撮影のチームはアレン・ジョーンズと組んでイタリアのピレリ社のヌード・カレンダー（一九七三年度）を制作した当のスタッフである。キューブリックとジョーンズという喧嘩別れした二人を自分のイメージ戦略にみさかいなく組み込むという貪欲と軽薄がボウイをスーパースターに押し上げた原動力といっていい。

一九六五年、『2001年宇宙の旅』に参加要請を受け、これを断ったSF作家がJ・G・バラードだ。父子家庭となって三人の子育てが忙しいというのが理由であったが、うまく魔手を逃れたといっていいかもしれない。歩いていけるシェパートンの撮影所では、おりしも〈月基地〉が建設されようとしていたわけで、どういった相談をキューブリックが持ちかけようとしていたのか知りたいところであるが、ナボコフへの対応とおなじであったろう。

バラードは『博士の異常な愛情』のラストの美しい終末の光景に、冷戦期のパラノイアの最上の表現をみて、『残虐行為展覧会』の冒頭の「アポカリプス」の注釈でこれを礼賛した。『残虐行為展覧会』は、『博士の異常な愛情』のラストからスタートし、自動車事故とセックスを中心主題として交錯させ、シュルレアリスムからポップ・アートの全域を引用対象として駆け抜ける。まさにケネディ大統領暗殺で幕開けた狂気の時代の思考実験展示会場だが、育児の隙間を狙っての性欲過多なバラードの妄想と錯乱の産物というしかない。

物議をかもすことになる小説『クラッシュ』脱稿直後、あろうことか、『時計じかけのオレンジ』の業界試写の帰途に、因果応報というべきか、自然が芸術を模倣というべきか、宣伝への体を張った仕込みかというぐらいのタイミングでバラードはみずからの車をクラッシュさせる。リズ・ムーアも乗った車が交通事故に巻き込まれ、一九七六年に三十一歳の若さで亡くなるが、バラードは幸運であった。前輪パンクでノー・コントロール、ひっくりかえって車は対向車線に飛び出たが、そこに通行車はいなかったからである。事故車=フォード・ゼファーをバラードは何枚も写真にとりアート作品とした。『キューブリックに愛された男』の証言ではキューブリックも事故を起こしたが、ハンドルを握った瞬間に事故を起こす稀有な才能と讃えていたものだ。

どういった意味あいかわからないが、キューブリックとバラードは似たところがあると証言した女性画家を紹介したい。彼女はキューブリックの飾らない日常を観察できる立場にあった。キューブリックの妻、クリスティアーヌの画家仲間でよくキューブリック邸のお茶会を訪ねていたブリジド・マーリンである。

一九七五年に訪れたロンドンのSFショップで、筆者は大判のヴィジュアルSF雑誌「SCIENCE FICTION MONTHLY」をみつけて購入した。大きなサイズとアート重視のこの雑誌が創刊の目玉として企画したのが、SF画コンクールであり、これにみごと一位となって一二月号のセンターを見開きで飾っていた作品の作者が彼女であった。バラードはその終末のシュルレアリスティックな風景、特に多くの車が砂漠に埋もれている描写に、自分のSFと共通するものを感じてうれしくなったらしい。早速手紙を書いたが、その手紙は無視され、十一年後の彼女の個展開催時、招待状を書く段階で思い出されたらしい。

バラードは彼女にポール・デルヴォーの第二次大戦で失われたと思われていた二点のリメークを依頼した。ともに一九三六年の制作で、《ミラー》と《レイプ》である。《ミラー》は失われていなかった。《レイプ》をバラードは仕事机の脇にたてかけて常にみていた。女三人(近景)、転がった裸体女性(中景)、うしろむきの女ほか(遠景)、バラードはこの絵に入り込んでいた。キューブリックもまた『アイズ ワイド シャット』準備中、グスタフ・クリムトの裸体デッサン画を注視して……。

(たきもと・まこと/評論家)

論考

パイと終末

キューブリック映画のスラップスティック

いいをじゅんこ

スタンリー・キューブリックの映画におけるコメディについて考えるなら、一九六四年の『博士の異常な愛情 または私は如何にして心配するのを止めて水爆を愛するようになったか』に触れないわけにはいかない。なにせこの映画はアメリカン・フィルム・インスティテュートが選ぶコメディ映画ベスト一〇〇で堂々三位にランクインしているし（二〇〇〇年時点）、「映画史上最高のコメディ」などと評されることも少なくないからだ。

純粋にコメディ映画として考えたとき、『博士の異常な愛情』はやや過大評価されすぎなのではないか……という疑念はさておき、わたしはクラシック喜劇映画、中でもスラップスティック喜劇を専門とする立場から、あまり言及されることのないキューブリック映画とスラップスティックの関係を『博士の異常な愛情』を中心に考えてみたいと思う。

そう考えた理由は、改めてこの作品を観直した際、思っていた以上に台詞重視の映画であることに気づいたからだ。ジャック・リッパー将軍の例の「体液」スピーチ（個人的にはその狂気ぶりが大好きだが）、米ソの対立と核競争の状況説明、最終破壊兵器の仕組みについての説明、タージドソン将軍の先制攻撃を支持する長広舌等々、説明的な台詞がやや、いやかなり多い。

『博士の異常な愛情』

肝心のギャグに関してもそうだ。B52機内で兵士たちが詳細すぎるプロトコルを淡々と読み上げるのも一種のギャグであるが、ピーター・セラーズ扮するマフリー大統領とマンドレーク英国陸軍大佐のキャラクターも、やはりダイアローグの面白さで笑わせている。ひとつひとつのシークエンスを個別に見れば非常に面白いのだが、全編を通して観ると、少なくともわたし自身は、少々退屈してしまうというのが正直なところなのだ。

ところで映画ファンには周知の事実であろうが、『博士の異常な愛情』には公開直前にカットされた別のエンディングがあった。そこには最高作戦室（War Room）での壮絶なパイ投げ合戦のシークエンスが含まれていたという。皮肉の効いた風刺喜劇である『博士の異常な愛情』に、昔ながらのベタなパイ投げギャグがあったとは。これはちょっとした驚きだった。

このパイ投げシーンについては、編集のアンソニー・ハーヴェイや脚本のテリー・サザーンが、素晴らしいシークエンスだったと証言している。サザーンの説明によると、作戦室でソ連大使が隠し撮りしているのを見つけたタージドソンが口汚く罵り、激昂した大使が長テーブルに並んだカスタードパイの一個をつかんでタージドソンめがけて投

『博士の異常な愛情』カットされたパイ投げシーン

げつける。だがタージドソンはしゃがんで避け、その後ろに突っ立っていた大統領の顔面をパイが直撃。「大統領がやられた！　反撃だ！」のタージドソンの叫びを引き金に一大パイファイトが始まる。初めは米ソの戦いだったのが、徐々に空軍対陸軍の様相を呈してくる。つまり米国軍内部の内輪もめこそが世界滅亡を引き起こす真の問題だったことが明らかになる。

パイ投げと並行して、ストレンジラヴ博士の「総統！　歩けます」のセリフや自殺未遂などが描かれる。パイ投げは単なる乱痴気騒ぎではなく真剣かつ深刻に行われるべきだったのに、キューブリックがそれを役者たちに周知できていなかったため、結果的に映画全体と調和しなくなった、というのがサザーンの主張だ（何千枚ものパイを使ったため撮り直しは不可能だった）。

編集を務めたアンソニー・ハーヴェイも、キーストン喜劇を再現したかのようなパイ投げシーンを「ブリリアント」だったと語り、キューブリックがそれを一旦カットした後も復活させず、該当のフィルムが失われてしまったことをかなり残念そうに振り返っている。

カットの理由には諸説ある。ひとつは一般公開の直前にケネディ大統領が暗殺されたことだ。パイ投げでの「大統領がやられた！」のセリフを配給のコロンビア社が問題視した。これは事実だろう。さらに試写を見たキューブリックが「ファース（笑劇）になってしまいサタイア（風刺）のトーンに調和しない」と判断した、と言われる。キューブリック自身もインタビューで何度もそのように答えている。だが、サザーンやハーヴェイの証言を踏まえれば、キューブリックの発言を額面通りに受け取って良いのかやや疑わしいと思わざるを得ない。推測ではあるが、やはりケネディ暗殺の影響（と世論の反発を恐れるコロンビア社の意向）が相当に大きく、パイ投げシーンを残すことがどうしても不可能だったのではないだろうか。

　喜劇映画史上においてパイ投げは、一九〇〇年代の草創期から行われていたドタバタの「お約束ギャグ」だ。その中でも特に大規模なパイ投げシーンで知られる作品がいくつかある。もっとも有名なのはローレル＆ハーディの無声短編『世紀の対決』（一九二七）だ。三千枚以上のパイが飛び交うクライマックスは映画史上最大のパイファイトと言われる。この短編が作られた一九二〇年代後半にはすでにパイ投げは古臭いギャグと見なされていたが、ローレル＆ハーディは逆に膨大な数のパイを使うことでそれをパロディとして見せた。トーキー以降では、往年のキーストン喜劇人が集合したワーナーの短編『キーストン・ホテル』（一九三五）と、三ばか大将主演の短編『In the Sweet Pie and Pie』（一九四一）が知られる。その後しばらく途絶えるが、ローレル＆ハーディのファンであるブレイク・エドワーズが『グレートレース』（一九六五）でパイ投げを復活させた。もし『博士の異常な愛情』のパイ投げシーンがカットされていなければ、この作品も偉大なるパイ投げコメディ映画の系譜にその名を留めていただろう。

　こうして見ると、ダイアローグ重視と思われた『博士の異常な愛情』が、実はかなりスラップスティックの要素を持っていたのではないかという仮説が成り立つ。タージドソン将軍が作戦室ですっ転んだり、最初にソ連大使の隠し撮りを見つけて取っ組み合いになるといったシーンにその痕跡が認められる。核弾頭にまたがったコング大佐が落ちてゆくショットなどまさにドタバタと風刺の極致であろう。★1 何よりストレンジラヴ博士はピーター・セラーズが本作で演じた三役の中で最も優れた視覚ギャグの体現者であり、まさに映画史に残るアイコンである。

　実際このころのキューブリックは、スラップスティック

『ロリータ』

の要素を映画に取り入れる実験をしていたようにも見える。例えば『ロリータ』（一九六二）には、ホテルの部屋でポーターとジェームズ・メイソンが補助ベッドを組み立てようと悪戦苦闘するドタバタギャグがある。ベッドで眠るロリータを起こしてはいけないという設定をわざわざ作って無声喜劇風に仕立てているのは、やや無理やり感もなくはないが、渋いジェームズ・メイソンがジェリー・ルイスばりにベッドと格闘する姿は非常に可笑しい。

一九五〇年代以降の米国では、往年の無声ドタバタ喜劇のリバイバルが始まっていた。批評家・脚本家ジェームズ・エイジーの四九年のエッセイ「Comedy's Greatest Era」が話題となり、喜劇王たちの復権のきっかけを作った。お茶の間に普及し始めた初期のテレビでは無声短編喜劇が多数放送され、若い世代に新たなファンを生んだ。さらにロバート・ヤングソンという人物が無声喜劇のコンピレーション映画『喜劇の黄金時代』（一九五七）を発表し、スマッシュヒット。この流れは六〇年代に入っても続いた。キューブリックがスラップスティックをどう評価したかはさておき、少なくともその要素を取り入れようとしていたことは間違いないと思う。

それにしても、『ロリータ』のドタバタ演技をプロのコメディアンであるピーター・セラーズではなくジェームズ・メイソンにやらせたのはなぜなのだろうか。実際、『ロリータ』で真に喜劇的な役回りを演じているのはジェームズ・メイソンである。セラーズのクイルティ役は今見ると少々あざとくやりすぎという気がする。一方、十代の少女に恋する中年男の情けなくも偏執的な純愛を、とぼけた表情で魅力的に演じたジェームズ・メイソンは笑える。そのおかげで『ロリータ』は、人間が欲望（ヒューマン・ネイチャー）にかられて惑い騒ぐまさに「笑劇＝ファース」の傑作となっている。キューブリックはジェームズ・メイソンの醸し出す可笑しみに気づいていただろうか？　彼がどこまで自覚的にそれを演出したのかは、やや測り難いところがある。[★2]

だがもちろん、キューブリックがピーター・セラーズを高く評価し世界的なスターに押し上げた功績はとてつもなく大きい。ピーター・セラーズは戦後英国でコメディ革命を起こした最初のコメディアンの一人で、スパイク・ミリガン、ハリー・シーコムと共にラジオのコント番組「ザ・グーン・ショウ」を大ヒットさせた。アナーキーでシュルレアリスティックな笑いがのちのモンティ・パイソンに多大な影響を与えたことはよく知られている。ピーター・クック、ダドリー・ムーアらケンブリッジ・フットライツ出身者による「サタイア（風刺喜劇）・ブーム」の始まりとも重なっていた。

英国における風刺喜劇の流れは戦中から始まっていた。天才プロデューサーのマイケル・バルコン率いるイーリング・スタジオが、一九四〇年代から市井の人々の日常を舞台にしたユニークな映画を制作し、多くの傑作コメディを生んだ。資本主義を徹底的に風刺した『白いスーツの男』（一九五一、DVDタイトル『白衣の男』）や、アレック・ギネスが八役を演じ分けたブラックコメディ『優しい心と宝冠』（一九四九、DVDタイトル『カインド・ハート』）などがある。アレック・ギネスはピーター・セラーズの憧れの役者であった。セラーズは五一年に短編喜劇『Let's Go Crazy』で五役の演じ分けに挑戦している（グルーチョ・マルクスのモノマネ含む！）。さらに『ピーター・セラーズのマウス』（一九五九）では三役を演じている。アレック・ギネスとセラーズはイーリング喜劇『マダムと泥棒』（一九五五）で共演した。

一方米国でも五〇〜六〇年代に「MADマガジン」や「Help!」などの風刺雑誌が生まれた。まさにサタイアの時代だったのである。[★3]このような喜劇史的文脈の中でキューブリックはピーター・セラーズと出会い、セラーズを通じてテリー・サザーンを引き入れた。風刺／ブラック／ドタバタコメディ『博士の異常な愛情』は、こうして生まれた。

最後にあの「失われたパイファイト」に話を戻そう。キューブリックはインタビューで『博士の異常な愛情』のユーモアの大部分は、悪夢のような状況での、毎日の人間の行為を描写することから生じている」と言っている。考えてみてほしい、最高作戦室などというシリアスな場所でなぜパイ投げ合戦が可能なのか？　そんなにたくさんのパイはどこから来たのか？　答えは劇中でちらりと映る料理の数々にある。長テーブルには豪華な料理やスイーツがずらりと並んでいる。あと十数分で世界が終わろうというときでも、やっぱり腹は減るし、政府高官に見合った豪華な食事が必要なのである。世界の滅亡という悪夢を前に、ずらりと並べられた甘いカスタードパイ。ヒューマン・ネイチャーが生むこの乾いた矛盾は、キューブリック作品の多くに通底するユーモアの源泉のように思える。

（いいを・じゅんこ／クラシック喜劇研究家）

注

★1　第二次大戦を風刺した三ばか大将の短編『Boobs in Arms』（一九四〇）のラストでは三ばかたちが巨大ミサイルにまたがり爆笑しながら空へ飛び去ってゆく。『博士の異常な愛情』と同じくコロンビア社の制作・配給であった。

★2　この「ファース（笑劇、茶番劇）」の系列に『バリー・リンドン』（一九七五）が位置する。この映画の特に第一部ではライアン・オニールがバスター・キートン的な憂いに満ちたデッドパンで環境に翻弄される青年を演じている。キューブリックはかなり意識的にそのような演出をしているように見える。

★3　キューブリックが『博士の異常な愛情』の続編の監督に想定していたと言われるテリー・ギリアムは「Help!」でイラストレーターの職を得、その後英国に渡ってパイソンメンバーたちと出会っている。

参考資料

ドキュメンタリー『The Unknown Peter Sellers』（二〇〇〇、クルー・ネック・プロダクション／『ピンク・パンサー　フィルム・コレクション』特典ディスク所収）

「月刊イメージフォーラム」四月増刊号『キューブリック』（一九八八年四月）

MUBI Notebook Feature "Mein Führer! I can walk!": "Dr. Strangelove" editor Anthony Harvey on the lost ending https://mubi.com/notebook/posts/mein-fuhrer-i-can-walk-dr-strangelove-editor-anthony-harvey-on-the-lost-ending

"Notes from the War Room" テリー・サザーン（初出＝「Grand Street」一九九四年夏号）
https://www.criterion.com/current/posts/4125-notes-from-the-war-room

チャールズ・バー『英国コメディ映画の黄金時代　「マダムと泥棒」を生んだイーリング撮影所』宮本高晴訳（清流出版、二〇一〇）

コラム

キューブリックはどう評価されてきたか

遠山純生

若い映画狂や、〝狂い始めて〟日の浅い映画好きに気に入りの監督の名を尋ねると、そのなかの一人にたいてい「スタンリー・キューブリック」の名が入っている、という話は本当だと思う。つまり、映画の「(とりあえずの)作者」として監督の名を意識し始めた頃に、真っ先に目に入ってくる名がキューブリックであることはいまだに少なくないはずである。映画をめぐる知識が徐々に広がるにつれて、個別の映画を行き当たりばったりに楽しむ代わりに、個別の監督の映画を体系的に観て、作品間に認められる主題や様式の連関および展開の仕方を把握する(「テクスト」として映画を読み解く)楽しみを覚えるようになる。態度変更後の映画好きたちが、自作を隅々まで統御しようとする「作家」キューブリックに目を留めるのは自然な流れである。

ではなぜキューブリックがこうした監督の筆頭に挙がりがちなのかといえば、要するにこの作家がほとんど一作毎に高尚(近づきがたさ)と通俗/時に卑俗(近づきやすさ)の共存を巧みに達成してきたからではないか。言い換えれば、興行成績を最重視するアメリカ映画産業のなかで商業的成功を収め続け、なおかつ創造上の独立を保った稀有な例の一つとして、さらには作家本人をめぐる伝説（たとえば偏執狂的完全主義ゆえの寡作）も相俟って一種の崇拝（カルト）の対象にもなっている、その突出した存在ゆえに目につきやすいからではないかと思われる。

そもそも低予算独立製作による劇場公開用映画第二作『非情の罠』の主題（フィルム・ノワール的な都市犯罪もの）は、どうやら当時からハリウッド進出への野心を抱いていたらしいキューブリックが、メジャースタジオの注意を惹くために選んだものだったようだ（実際、メジャーが配給する低予算映画の主題として、犯罪ものは人気があった）。この『非情の罠』からして犯罪絡みの三角関係という通俗的な題材を一風変わった語り口（回想内回想）で描きつつ、報道写真家的な即物的感覚（ロケーション撮影を多用し、夜間の街頭で隠し撮りなどもおこなった）で包む体裁を備えていた。同じことはもっとハリウッド・メジャー映画寄りの作りになった次作『現金に体を張れ』にもいえる。ライオネル・ホワイトの原作にあった時間操作のアイディアを踏襲したこの作品は、集団ケイパーものの定石を踏まえながらも、まずその叙述上の実験において凡百の犯罪ものとは一線を画していた。手始めに犯罪ものを選んだキューブリックの狙いは的を外すことなく、『現金に体を張れ』の上出来ぶりはMGMの製作部長ドーリ・シャリーやスター俳優カーク・ダグラスの注目を集め、この二人は作家のキャリア形成に力を貸すこととなる。以後「メジャー監督」となったキューブリックの作品は、概ね大衆的な「ジャンル」、それも主に男性を観客層として想定した、〝低俗な〟低予算映画／B映画的題材を採り上げ続けることになるだろう。

キューブリック作品が使い捨てのジャンル映画というよりは技巧を凝らした一種のアート映画とみなされるようになり、その文化的地位がはっきりと格上げされるようになったことが見て取れるのは、彼が「作家」として遇されるようになった一九六〇年代前半以降である。分岐点となったのが、原作者ナボコフ自身が合衆国での刊行間もない自作小説を映画用に翻案した『ロリータ』だ。今や二十世紀文学の古典としての評価を確立している小説『ロリータ』は、とりわけ刊行当時はポルノ視され物議を醸したベストセラー小説であり、そのスキャンダラスな側面を興行に結びつけようとの製作者の下心も働いていた企画であることは間違いない。あえてジャンルとして分類すれば通俗的恋愛劇と黒い喜劇の融合とでも呼べそうなこの映画版（ほぼ宣伝の力を借りずに口コミでまずまずの興行的成功を収めた）は、一種のきわものと見られたせいか公開時には多くの批評家に軽視されるも、一部の評者が熱狂的に支持した。キューブリックにしてみれば検閲の横槍により性表現の面で不満の残る出来となったのだが、たとえばポーリン・ケイルは「プレストン・スタージェスがことばのドタバタでもって喜劇を再創造したあのすばらしき四〇年代以降、ようやく世に出た新しいアメリカ製喜劇」と絶賛している。

さらに、前作にあたる史劇大作『スパルタカス』で完全なコントロール権を行使できなかった反省を踏まえ、契約で創造的自由を保証させたうえでスタジオ撮影はすべて英国でおこなった『ロリータ』をきっかけとして、以後キューブリックは拠点を英国に移す。こうして地理的にも精神的にもハリウッドのシステムから距離を置いたキューブリックは、以後より芸術性の高い「作家の映画」を作り始めることになるが、自作への出資および完成作の配給をハリウッドのメジャースタジオに求める姿勢を崩すことはない。いわばこの作家は、これ以後ハリウッドの力を借りながら、ハリウッドが生産する「商品」に慣れ親しんだ観客に挑戦するような映画を作り始めるのである。

『ロリータ』に限らず、その挑発的な題材選択や慣習から外れた語り口も原因となってか、キューブリック作品はとりわけ初公開時に賛否が分かれがちだった。たとえば次の『博士の異常な愛情』であるが、この戦争ものとスリラーとＳＦと黒い喜劇が一つになったような作品に対し、「ニューヨーク・タイムズ」紙のボズリ・クラウザーは「悪意があり、病んでいる」と嫌悪をあらわにした（これに対し、ルイス・マンフォードは「病んでいるのは（冷戦で自縄自縛に陥っている）わが国の方だ」と反論した。同様の事態は同じくＳＦと黒い喜劇が溶け合った『時計じかけのオレンジ』公開時にも生じた。この作品も概ね高く評価される一方で、一部の評者は過激な暴力描写や性描写に嫌悪を催したり、主人公の不良少年（の生き方）が最終的に肯定されているのに対し、その犠牲者たちの人間性が剝奪されている点に反発を覚えたりしたのだった。

今やＳＦ映画をそれまでの〝安物〟から〝芸術〟へ引き上げた作品としての評価を確立している『２００１年宇宙の旅』でさえ、初公開時には賛否両論だった。熱烈に賛美する者がいるかと思えば、嘲笑の的にする者、あるいは頭から拒絶する者もいたのである。とりわけキューブリックの生誕地でかつての活動拠点でもあったニューヨークの批評家——たとえばアンドリュー・サリス、レナータ・アドラー、ポーリン・ケイル、スタンリー・カウフマン、ジョン・サイモンら――が、「退屈」「抽象的」「非人間的」等々とこの映画を激しく嘲（あざけ）った。他方、前述した現在の評価に近い物言いをしたのが、「ロサンジェルス・タイムズ」紙のチャールズ・チャンプリンだった。

ハリウッド・メジャー系娯楽映画と低予算きわもの映画と芸術映画を一つにするやり方ゆえに、低級文化好きにも高級文化好きにも胡散臭がられた面はあったにせよ、その（斬新ともいえる）折衷的姿勢のおかげでキューブリック作品が数多くの支持者を獲得できたのも事実だろう。視聴覚面・叙述面で大胆な実験を試みつつ、伝統的かつ大衆的で収益をあげやすい既存ジャンルに（少なくとも表面上は）のっとった映画を作ることが多かった理由も、これで説明がつく。冒険しても失敗は回避するための戦略、消費されるだけの娯楽でもなければ一般に顧みられない前衛でもない第三の道を切り拓くための戦略だったのである。

そうしたなか、通俗ジャンルには分類しづらい歴史劇『バリー・リンドン』は、頓挫企画『ナポレオン』の派生物としての側面を備えつつも、形式面のみならず内容面においても挑戦的な作品だったといえる。実際この映画はキューブリック作品中例外的に、合衆国内においては製作費を下回る興行成績しかあげることができなかった。もともとキューブリック作品に内在していた世界や人間を見つめる冷徹かつ陰鬱なまなざしが極まった感のある『バリー・リンドン』は、多くの評者に「傑作と認めるにやぶさかではないが、愛することはできない」とでもいった態度で迎えられる。もちろんこの映画も賛否両論。肯定するにせよ否定するにせよ、「写真の連続」「スライド・ショー」「映画というよりオブジェ」といった形容が散見され、中身より外観重視の、感情表出や運動を抑えたスローな展開の映画だと受け止められたことを物語っている。

集客に失敗した『バリー・リンドン』の雪辱を果たそうとでもするかのように、キューブリックが次に選んだ企画は前作とは正反対の性質を備えたもの――原作をスティーヴン・キングの同名ベストセラー小説に求めた初のホラーものにして、超常現象と狂気を主題としキャメラが縦横無尽に動き回る『シャイニング』――であった。完成作は興行的成功を収めたが、やはり批評的には賛否両論、というか初公開時にはどちらかといえば「否」が勝った感がある。

初期の『突撃』に戻ったかのような――だがこの映画に認められた人間への信頼は、すっかり失われている――戦争もの『フルメタル・ジャケット』

も、興行的成功を収めた。批評家たちの評価も、ほぼ毎回キューブリック映画を評価してきたジョナサン・ローゼンバウムが『博士の異常な愛情』以降で、最もきっちり入念に作り上げられた作品」と評したほか、ギルバート・アデアやヴィンセント・キャンビーも賞賛するなど肯定派が比較的多かった一方で、もともとキューブリック映画には辛口のロジャー・イバートは過去のヴェトナム戦争ものと比べてリアリティが不足しており、メッセージ的にも弱いうえに遅きに失している、と異議を唱えた。

それまでのキューブリック映画に比べれば地味に映る、だが実のところかなり野心的・挑発的な心理メロドラマ『アイズ ワイド シャット』も興行的に成功。九〇年代末期ともなればキューブリック自身が神話的存在となっていたことに加え、主演のスター俳優二人の存在も興行価値に結びついたであろうし、既存ジャンルで興行成績が左右される時代もとうの昔に終わっている。とはいえこの遺作も、批評的には相変わらず賛否両論であった。もっとも、歳月の経過とともに初公開時より軒並み評価が上がっているのがキューブリック映画の面白いところである。いったん否定した評者がその後意見を一八〇度変える例も少なくない。掌(てのひら)返しを「誤解の訂正」ととらえるか、それともキューブリックの神格化がもたらした作用と見るかは人それぞれであるが。

ともあれ、キューブリックが亡くなって半年ほど経過した頃に、フランスの映画誌「ポジティフ」がこの作家の特集号を刊行した。そのなかに、「スタンリー・キューブリックの墓碑」と題した、四十八人の映画監督へのアンケートが掲載されている。質問は、①「あなたにとって、キューブリックが映画にもたらしたものとは何ですか?」と、②「あなたが最も愛着を覚えるキューブリックの映画と、その理由をお答えください」の二つ。二つの質問に律義に応じる作家もいれば、そうでない作家もいるのだが、回答者のなかから何人か選んで紹介してみる。

①にかんしては、妥協することなくみずからのヴィジョンを追求し、独自の映画を作り上げた点をロバート・アルトマンやエリア・カザンは讃えているし、さまざまな技術革新、あるいは「知性」を映画にもたらした功績を挙げる者もいる。とりわけ欧州の監督はアメリカが生んだ「映画作家」としてキューブリックを評価する者が少なくない。そのうちの一人であるテオ・アンゲロプロスは、以下のように述べている。「キューブリックにはいつも奇妙な魅力を感じてきた。そうした魅力の

よってきたるところはどこなのだろう。彼の作品にしばしば不安をかき立てられるがゆえか。その作品群が、毎回漠然とした〝この世の終わり〟のようなものを語りがちであるがゆえか。それとも映画に対する彼の取り組み方ゆえか。わからない。よそよそしく、完璧主義者で、孤独を好むキューブリックは、映画を作る度にそれを一つの〝事件〟とすることに成功した。われわれが生きるポストモダン時代において、あまりにしばしばこき下ろされてしまう〝作家の映画〟は、キューブリックにここ四十年間で己を象徴する最良の人物の一人を見いだしたのだった」。

「ポジティフ」キューブリック特集号

②にかんしては、多様な回答が集まっており、それぞれの好みもわかって興味深い。簡単に列挙してみよう。

若き日にアメリカにもインディペンデント映画があるのだと初めて気づかせてくれた存在がキューブリックだったというフランシス・フォード・コッポラの場合は、「スタイルの創造者というだけでなく、独創的な考えの持ち主でもあるこの作家の重要性がよくわかった」『博士の異常な愛情』である。ロマン・ポランスキも「当時観ていた映画とはまるで違っていて、まったく独創的で、モダンで、勇敢」な『博士の異常な愛情』。

ウディ・アレンは「簡素で人間味のある映画、みごとに語られた崇高な物語」との理由で『突撃』を挙げる。クリント・イーストウッドも「とてつもないエネルギーとほんものの知性でもって撮られた、偉大な反戦映画」として『突撃』。さらにウィリアム・フリードキンも最愛のキューブリック映画として挙げるのは、「何度となく繰り返し観ているが、その度に大感動する」『突撃』だ。

マルセル・オフュルスは、「すばらしいナボコフ、みごとなジェイムズ・メイスン、ものすごいピーター・セラーズの協力を得て、原作をはるかに凌駕する」映画となった『ロリータ』。フィリップ・カウフマンは「ストーリー・ラインに備わった目もくらむばかりの側面と、力強い感覚」ゆえに『現金に体を張れ』を挙げる。

全作大好きだが、「キューブリックのユーモアがわがテーマであるがゆえに」あえて選ぶなら『2001年宇宙の旅』だと述べるのは、マイク・リー。とりわけ「コンピュータと人間の心底悲喜劇的な闘いを描いた点で、これまでに観たなかで最も可笑しな映画の一本」だそうである。スタンリー・ドーネンも「古典的な劇構造をすっかり粉砕した」『2001年宇宙の旅』。シドニー・ルメットは、「その主題もスタイルもあまりに異なっているにもかかわらず、互いに甲乙つけがたく深い印象を与える」『突撃』と『2001年宇宙の旅』の間で迷っている。

演出家としてのキューブリックに着目するアラン・レネは、『フルメタル・ジャケット』の「とりわけ最後の四十五分間は、場所の単一、ごく少ない登場人物、敵は一個の亡霊というごくわずかな要素であれほどの豊かさをもたらしえたのが驚異」だと賞賛する。一本だけ選ぶのは難しいとしながらも、どうしたって思い浮かんでくるのは「深い感情的体験を味わわせてくれるのだが、その感情はキャメラの動きやリズムの緩慢さや状況に応じた登場人物たちの動き方を通じてあまりに異例なやり方で表現される」『バリー・リンドン』だと述べるのは、マーティン・スコセッシだ。

もちろん上述の名前以外にも、数多くの監督がキューブリック(映画)への愛着を公言していることはよく知られているだろう。観客や評論家以上に密かに同業者にこそ注目され、畏敬の念を抱かれてきたのがこの作家だったのではないかという気さえしてくる。その場合、作品のみならず、システムに呑み込まれることを回避しつつ巧みにこれを利用した芸術家としての姿勢も評価に含まれているのは間違いない。

(とおやま・すみお/映画評論家)

■論考再録■

核もモノリスもひとつの同じ真実

中沢新一

『博士の異常な愛情』のラストシーンに、キューブリックは延々と核爆発の記録映画を流し続けた。ニュー・アラモスで爆発する最初の原子爆弾、ヒロシマに投下される原子爆弾、ビキニ環礁にたちあがる日の出かとも思わせるような水爆実験の光景。閃光が走り、光のかたまりは一瞬にして拡大し、空中高くキノコ雲は登っていく。恐ろしくも、美しい光景の連続だ。そこには光と雲と空しかない。いっさいの音は停止している。ここですべてが終わる。これまで地球を舞台にしてくりひろげられてきた、億という歳月をかけた生命進化の歴史も、またその生命進化の最後の段階になってあらわれた人間のつくりあげてきた文明の歴史も、ここですべてが終わる。オシログラフにうつしだされる心臓停止の瞬間のように、ピーという弱々しいノイズも消え、すべてがここで終わる。

だが映画を見ている人の耳は、そのとき画面から流れるひとつの歌を聞いている。「また逢いましょう」。またお逢いしましょう。そのときまで、どうぞお元気でね。深刻でショッキングな映像に、脳天気で軽いポップスがかぶせられる。なんてミス・マッチで皮肉な音楽効果。目的ももたず、ほんとうのことをいうと敵すらももたない「純粋戦争」(ピュア・ウォーということ言葉を考えだしたのは、ポール・ヴィリリオだ)に、わきめもふらず突入していく技術者のような軍人と、軍事化された頭脳をもった技術者に、すべての命運をにぎられてしまった人類にむけてささげられるおくやみの歌、それが「また逢いましょう」なのだ。でも、また逢う日なんてくるもんか。たとえ生きていたとしたって(もとナチスの科学者ドクター・ストレンジラブの理論によれば、核兵器によって人類は絶滅したりすることはなく、まあ千万人くらいは生き延びるのだそうだ）、お元気で逢えたりするわけがないじゃあないか。コバルト・トリウムGの半減期である九十三年間も、地下壕にもぐってくらさなきゃあならないんだ。人類の悲劇？　冗談じゃあない。これはとんでもないお笑いなのだ。経済といわず、政治といわず、生活と世界のすべてを軍事化＝技術化することに血道をあげてきた人間が、いっきにかけこもうとしているたちの悪い、おまけにセンスもない（ピーター・セラーズの演ずるイギリス空軍将校は、アメリカ軍人のたちの悪いカウボウイ風冗談に、いつも頭をなやませていたっけ）冗談なのだ、これは。でも、冗談にしても、最後の光景だけはじつに美しい。惚けてしまうように、無意味に美しい。だから、ポップスもけっしてミス・マッチではないのかも知れないのだ。軍事化され、技術化された人類の頭脳は、もともとポップにできている。だったら、そういう人類の頭脳にささげるおくやみには、けっこうポップスも気がきいているのではないかしら。このシーンをつくったとき（それは一九六三年のことだった）、スタンリー・キューブリックは、映画を現代にむかって、大きくほうりあげたのだ。ちょうどあの骨を空中にほこらしげに投げあげる、凶暴な顔をし

『博士の異常な愛情』

『2001年宇宙の旅』

た類人猿のようにして。

『博士の異常な愛情』は、空中給油するB52の映像からはじまった。それはゆったりとした美しい光景だった。もしもそのバックに、ウィンナー・ワルツでも流れていれば、これはもう『2001年宇宙の旅』の一シーンに直接つながっていくだろう。だけど『異常な愛情』は全面核戦争にたどりつき、『2001』は宇宙的知性体モノリスの発見にたどりついていった。キューブリックはそのあいだに、ふたたび人類の運命にたいする信頼をよみがえらせたのだろうか？　そうではないのだ。核もモノリスも、ひとつの同じ真実を表現しているのだ。核は物質の神秘を全面的に裸にする。モノリスもまた人間の知性の神秘を、まったくおおいかくすもののない状態で裸にする。どちらも、それがあらわになったとき、人類は破滅する。あるいは最後の審判の日をむかえる。キューブリックの思想には、いつもこういう絶対的裸の状態にたいするおそれとあこがれが、ひかえている。彼は私たちが想像する以上にキリスト教的な映画作家かもしれないのだ。

（なかざわ・しんいち／文化人類学者）
［「イメージフォーラム」一九八八年四月増刊号］

論考再録

意志を持った物語『2001年宇宙の旅』

橋本治

『2001年宇宙の旅』を見た人間なら誰だって、あの映画に続篇が存在しうるなんていう話を聞いたらのけぞってしまうだろう。ところがその続篇が二十年近くたって登場した。『2010年』だ。二十年たっても映画の内容は九年しかたってない。要するに続篇は〝十年遅れた映画〟だという訳だが。

木星に向かう途中で消えた宇宙船ディスカバリー号のボウマン船長と謎の物体モノリス、そしてコンピューターHAL9000の反乱の謎を解く為にソ連の宇宙船にアメリカの科学者を乗せて、両国の〝合同〟だかなんだか知らない調査隊が木星に向かう。折から地球の政治情勢は険悪で、中米紛争のもつれで米国は海上封鎖。ソ連と米国は戦争に突入する――まァいいけどね――この続篇が作られたのはペレストロイカ以前のことなんだから。

木星には、なんだか知らないけど〝異変〟が起きていて、氷に閉ざされてなんにもない筈の衛星エウロペには、なんと葉緑素が発生しているという。回収されて機能を回復したディスカバリー号のコンピューターに、消息を絶った筈のボウマン船長からのメッセージが送られて来る――「二日以内にここを立ち去れ」と。折から木星には巨大な黒点が発生していて、これをよく見ると、とんでもないことに、それは自己増殖を繰り返す膨大な数のモノリスの群れだった、と。モノリスは木星の月エウロペに新たなる生命の誕生を計画していて、その為に巨大な黒点と化したモノリスの群れは木星そのものを呑み込んで、ここにもう一つの太陽を発生させてしまう。以来地球には二つの太陽が輝き――従って〝夜の闇〟というものはなくなり、緑したたるエウロペにはモノリスが立っていますという話だ、この続篇は。

まァ、「木星が消滅してもう一つの太陽が誕生して、それが新しい生命を誕生させる為でした」というだけなら、別に〝壮大なるホラ話〟というだけだから一向にかまわないんだけれど。ところが困ったことに、この何故かは知らないけれども新たなる生命を誕生させてしまう――その為に人間が木星に近づくことを拒む、まるで出産間近でピリピリしている母親みたいになっちまったモノリスは、なんと地球人に向けてメッセージを送って来るんだな。「この世界はみんなのものだけどエウロペにだけは近づかないで、そして、地球のみんなは仲良くして下さい」とね。そんなメッセージを送られた地球の二大国の代表は、突然戦争の中止を発表し、世界は破滅の危機から救われる、と。

「あーあーあー、どうしようもねェな、このバカは」と、続篇を見た人間ならみんな思う筈なんだが、一体なんだってこんなつまんない〝続篇〟が作られちまったんだろう？

天から穏やかなるメッセージが送られ――要するにやんわりとしかも容赦なく説教されて――二つの国の〝王〟は自らの行いを反省しました、めでたしめでたしのオトギ話なんだけれども、いつから地球は〝二つの国の王様に支配されてる世界〟になっちまったんだ？〝神〟は存在する、しかし〝神〟は人類の生活に介入しない――だから人類よ悔い改めよ、と言うのがこの最悪なる『2001年宇宙の旅』の〝続篇〟『2010年』だ。「介入しないけど私は見てますよ」と言う〝余分な存在〟を証明する為に、地球は夜を奪われてしまう、と。余分な太陽が地球の空にはいつも輝いているということになる。なんだってこんな余分が必要になるのだろうか？

すべては、〝よく分からないバカ〟の〝その後〟の解釈の問題だ。

かつて少女マンガ家の大島弓子が『2001年宇宙の旅』をどう思いますか？」と訊かれて、「私なら地球の上でやりますけどね」と答えていて、私は「さすが」と思ったのだけれど、結局のところ、いいも悪いもモノリスだ。

別に悪いとも思わないけれども、〝モノリスの解釈〟が、結局のところ〝神の存在〟なんてことになっちまうんなら――『2010年』は正しくそうなった――やっぱりこれは〝いいも悪いも〟だ。

『2001年宇宙の旅』が日本で初めて公開された一九六八年の秋、私は一人で今はなき広大なるシネラマ映画館テアトル東京に見に行った。この映画が公開されたのはゴールデンウィークだかなんだかの頃で、私が行った頃にはもうロングランも終わりに近かった。新聞広告で「あと何日、お見逃しなく」なんてのを見たから、「じゃァ、行ってみようかなァ……」という感じで、重い腰を上げたのだ。なにしろ『2001年宇宙の旅』はとんでもなく退屈そうな映画だったから……。

その当時、日本の高名なるSF作家は、この映画をめぐる座談会で「退屈だなァ」「画面の端が空いているからCMでも入れればいい(笑)」なんてことをやっていたんだから。信じられないかもしれないけど、ホントだよ。私は〝空想科学映画〟の昔からSFっていうのは好きだったけど、でも宇宙空間を舞台にしたハードSFっていうやつは、どうもちょっと勘弁してよという人間だった。「だって、宇宙空間には木が一本も生えてないんだもん」と、いまだに東海道新幹線に乗っても外の景色を眺めっ放しの私は思うのだった。

大体当時の常識は、普通のスクリーンの三倍もの大きさのあるシネラマの画面にエキサイティングな物語が描ける筈はないということになっていたし。『2001年宇宙の旅』は〝シネラマ初のSF〟だったのだから、それを見たSF作家が「退屈で――」と言うのなら、それは勿論『2001年宇宙の旅』が〝エンエンと繰り広げられる宇宙旅行のパノラマ〟でしかないということにしかならない。おまけに監督が気難しいスタンリー・キューブリックで、新聞に載った『2001年宇宙の旅』の映画評によれば、これは〝未来社会におけるコンピューターの反乱〟を描いたものだそうだから、どう考えたって、一九六八年に私の前に存在していた『2001年宇宙の旅』は、今の我々が知る『2001年宇宙の旅』ではなかったのだ。それでも「シネラマの大画面で見られるのはこれが最後の機会です」なんてことを言われると私は弱い。あんまり金もなかったんだけど、「まァ、とりあえず見とくか、見られなくなっちゃう前に」なんてことをぼやきながら重い足を劇場まで運んだものだった。思ってたより退屈なんてものはしなくて、「へー、おもしろいじゃん」とか思って、ガラガラのテアトル東京の中で足をひん曲げて見ていた。私は時として、胎児のように丸まったまんま劇場の席で映画を見る――だからシートが柔らかじゃない劇場は嫌いだ。真っ赤でフワフワなテアトル東京の座席の上で足をひん曲げて、それを両腕でひっ抱えて「へー」だけで見ていた私は、最後の方になって、突然両足を放り投げた――例のボウマン船長がロココの部屋に降り立つシーンで。

　そこには老人になったボウマン船長自身が一人で食事をしていて、そんな自分の姿を見ている〝別の誰か〟の存在を感じとった老ボウマンはのろのろと後ろを振り向く。年老いた自分の姿を見ていた宇宙服姿のボウマン船長は既になく、老ボウマン船長は黙々と食事を終える。食事を終えた船長がふと見ると、自分の目の前にはヘンなものがある。目をこらしてよく見ると、それは〝更に年老いた自分〟だった。

　更に年老いたボウマン船長は、なにも見ずに、ただ死の床に横たわっている。つまり、〝その後〟の自分が一直線にではなく、平行して同時にいくつも存在している。「時間とは選択の結果である」なんていうことには後一歩だ。

　ハイテクのロココの部屋の――それ自体が一つの文明の死を連想させるような部屋の床に、モノリスが再び姿を現して、そして――。

　私はほとんど、唖然としてしまった自分の表情と同じ質の表情を持った胎児が、宇宙空間から驚きとともに地球を眺め下ろす、その瞬間を忘れることが出来ない。どう転がったってあの胎児は、突然自分の目の前に広がってしまった光景を見て愕然としているとしか、当時の私には思えなかった。そして、今も私はそう思っている。勿論その胎児は、キア・デューリア扮するボウマン船長の顔をしていて、そしてその胎児のアップで映画は終わる。結局それだけだ。

　この映画『２００１年宇宙の旅』は、自分自身が描き出したものに対してほとんどなにも説明をしないままで終わる。だからこそ〝諸説紛々〟なんだろうが、しかし実のところ、私にとってはそんな〝諸説〟なんていうものはどうでもいいのだ。なにしろこの映画『２００１年宇宙の旅』は、「そんな〝諸説〟なんか突き抜けちゃえ、突き抜けちゃってかまわないんだろうさ、だってここに突き抜けちゃった人間が一人いるもの」という、そういうことだけを平然と言って終わる映画だからだ。

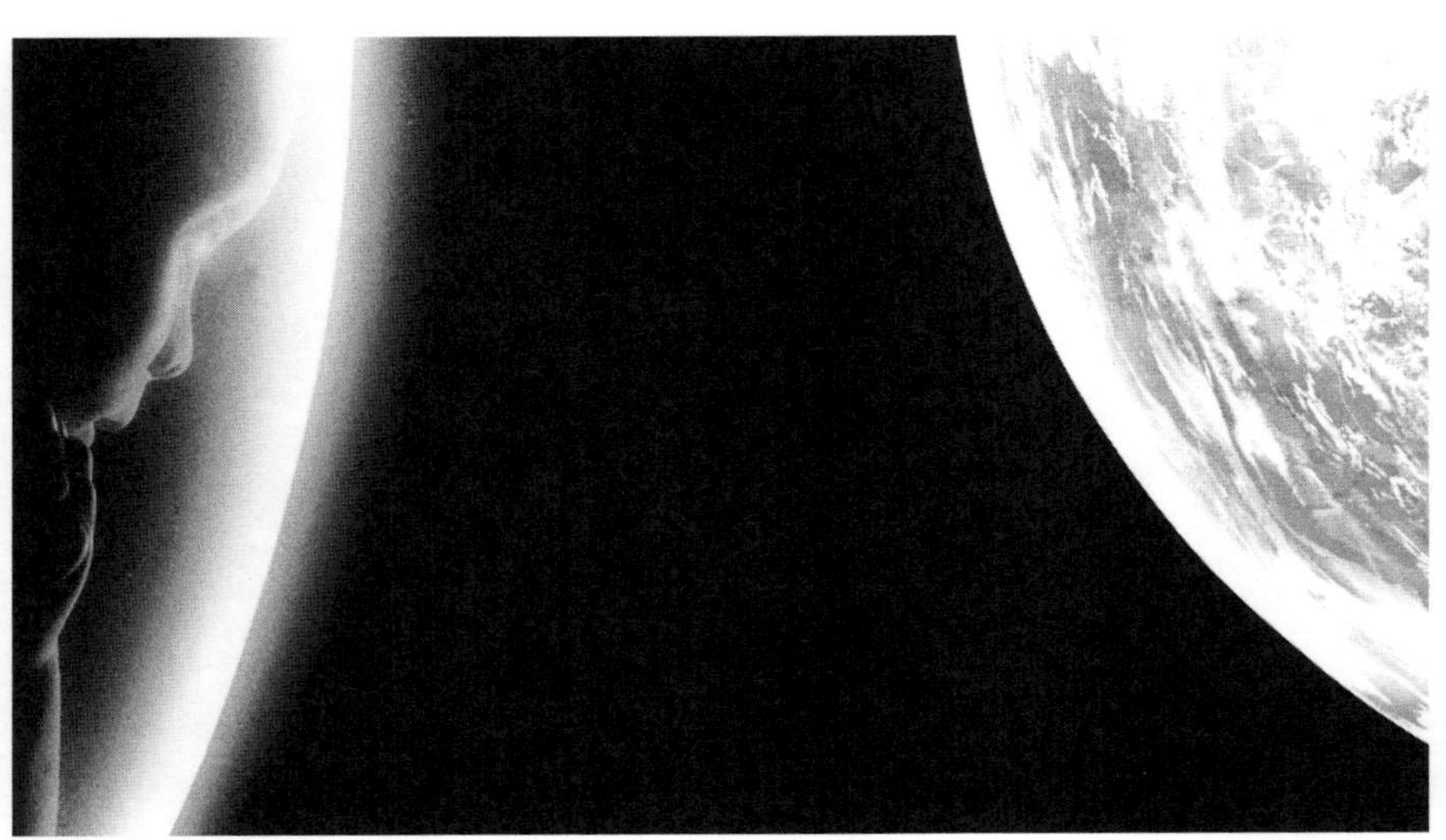

『2001年宇宙の旅』

私は別になにも一九六八年当時にシチメンドクサイことを分かったというつもりもない。ただ一つ、私は「この訳の分かんない映画を分かったっていいんだ」ということだけはしっかと分かった。それだけで、自分が分かったことの内容がなんであるかなんてことはさっぱり分からなかったし、たとえ分かったところで、その内容を説明出来る言葉なんか持ち合わせてはいなかった。それでいいからこそ、この映画はそれでいいのである。それでいいからこそ、この映画は何一つ余分な〝説明〟ということをしないのだ。

今更『２００１年宇宙の旅』と『２０１０年』の比較なんかしても始まらないけれども、ともかく、続篇の『２０１０年』は喋ってばっかりいる。その〝謎〟をともかく解明しようとする調査団の話なんだから〝説明ばっかり〟になったってしようがないが、しかしその〝説明〟の結果出て来る筈の答は「分からない」だ。

分からないなら〝分からない〟のままでいいのに、この続篇はその〝分からない〟ものがある意味を放つ――「私は〝神〟ではないけれども〝神〟という存在に該当するものなのかもしれない。その証拠に、私はこれから新しく世界を創造するであろうし、私はあなた達と関係を持とうとはしない。私が〝神〟なら、あなた達との無関係を主張する筈もないであろうが、しかし私が〝神〟に等しいものでなかったなら、私に〝天地創造〟などということが可能な筈もない」と。

この入り組んだ〝メッセージ〟の意味するところは、〝メッセージの空洞〟だけだ。メッセージに意味はないが、しかしそれでもメッセージを必要とする人間が存在する以上、メッセージを放つものは存在しなければならないという、中途半端の結実がこれだ。とんでもなく〝危険〟な続篇を作ったバカもいるもんだが、結局モノリスのドラマを作り出す文化というものは、そんなものなのだろう。虚構（フィクション）の放つ華麗さと、虚構（フィクション）の持つ意味とを混同してしまうような。そんな〝華麗〟だけを文化だと思っていたら大間違いなんだけどもね。

『２００１年宇宙の旅』で忘れられないのは、ボウマン船長に扮したキア・デューリアの怒りの表情だ。スーパー・コンピューターＨＡＬ９０００が異常を起こし始めてから、キア・デューリアのボウマン船長は終始一貫、ムッとしたまま怒りの表情を隠そうとはしないでいることだ。『２００１年宇宙の旅』は後半、ほとんど記録映画（ドキュメンタリー）と化して、言葉どころか音さえも失う。なにしろ、大気の存在しない宇宙空間では〝音〟などという現象は起こりようもない。おまけに宇宙空間には引力というものがない。人間の動きというものが、〝動いている〟ということを示す以外に、ほとんどなんにも意味を生まない。ドラマを構成する二大要素である、セリフと動きを欠いて、よくこの映画はドラマというものを作り出した――とんでもないサスペンスを生み出せたものだという、その最大の要因はなにかといったら、勿論このキア・デューリアの〝表情〟だ。人間のドラマとは、その根本に於いて、人間なるものが感情という判断機能を持つという、そのことに由来する。

彼は人間である。だから命令も聞くだろうし、反抗もするだろう。従うことも従わないことも、すべては彼自身が宰領する〝自分自身の中〟で起こる。ところで一方、情報なるものをインプットされて、〝機能〟なるものを持つようになった機械――コンピューターは、最終的な判断を彼自身の外に仰ぐ。コンピューターには最終的な判断を下す権限はなく、その権限は、コンピューターにプログラムを組み込んだ人間、あるいは組み込むことを要求した人間にある。そして、そうしたコンピューターが作動を開始した時、コンピューターに肩代わりを務めさせた人間は、最早存在しない。存在しなくてもいいだけの〝当座の時間〟コンピューターは支配管理の命令を肩代わりして実行する。

ところで、宇宙船ディスカバリー号は、すべての操作をスーパー・コンピューターに肩代わりさせた、一つの完結した世界である。乗員（成員）の安全を第一にして、その管理運行のプログラムは決定されている。しかしそのプログラムが狂ったら——そのプログラムが対応すべき現実が、そのプログラムにあらかじめ設定してある仮想現実との間でズレを見せ始めたら？ それを修正するのは、最終的な判断力を持った——持っている筈の人間である。空洞としての権限を持っているコンピューターにはない。しかしところで問題は、その権限の委譲に際して存在しうる。新たに決定権を握る筈の人間は、しかしその決定権を手にするまでの間、管理運営を肩代わりされたコンピューターによって保護されるべきものなのだから。

「もう状況は変わったのだから、世界の秩序も変わるべきだ」と主張するのが人間である。そして、こんなことは当たり前にして当然の常識だ。しかし、「そう言うあなたの状況判断が間違っているかもしれない」とするのが、その〝主張する人間〟を保護すべく設定された〝秩序〟だ。ここのところをもっと正確に言えば、〝秩序として存在している十分なる知性〟だ。但しその〝十分〟は、既にしてもう新たなる〝必要〟の前に敗れ去っているのだけれども。しかし厄介というのは、その〝敗れ去っていること〟を認めるのが、認識する人間の側にあるのではなく、「それ以上の認識は必要ではない」とする十分な管理の側にある、ということだ。コンピューターが狂っているというのは簡単だが、それを言い出す人間が、その管理するコンピューターの内側にいる人間であったなら、管理する側のコンピューターは、決してその人間の主張を認めないだろう。「お前の認識の一体どこが〝十分〟なんだ！」という人間の怒りはここに生まれる。

ムッとした怒りの表情を隠そうともしないまま、狂った管理者であるコンピューターと冷静な会話——正確に言えば、〝必要な意味を伝達させる為の理性的な応答〟を繰り返すボウマン船長のドラマがドラマとなりうる最大の理由はこれだ。

『2001年宇宙の旅』というのは、存外単純な映画だ。このヨハン・シュトラウスの「美しく青きドナウ」に乗って、まるで流れるように宇宙船が宇宙空間を飛んで行く、そういうテンポで終始一貫している膨大にして単純な——だからこそこれを「退屈だ」と思う人もいるだろうし、た

『2001年宇宙の旅』

だ「きれい……」ですんでしまう人もいるだろう——映画は、ただ〝変わる〟ことだけしか描いていない。ある意味で、〝変わることのスペクタクルでありたい〟という願望だけが、この映画の舞台を広大なる宇宙空間に設定したといってもいいぐらいだ。そして、そうしなければ面白くもなんともないくらい、実に〝変わる〟ということは何のヘンテツもない、ドラマチックのかけらもないような〝当たり前〟なのだ。

人間は淡々と年を取って行く。ある日突然その人間がとんでもない変貌を遂げたのなら、それはとんでもない変貌を遂げさせるような〝異常〟がそこにあったというだけで、そんなことは人間の生活の中で例外中の例外であるというようなものだ。別の言い方をしてしまえば、人間というものは、ドラマチックであるような可能性を秘めながらも全然ドラマチックではないような、そんなおとなしい過激な生き物だ。人間ばかりではない。自然そのもの、自然に属する生物そのものが、過激と静謐（せいひつ）の混合物であるような物だ。過激をとるか静謐をとるか、それは勿論状況如何の問題である。

人間は、放っておけばつまんないまんまでおとなしく年を取る。そして、そのおとなしく年を取る中に「つまんない！」という怒りの表情を、なし崩しに、露にならないようにして露にする。現実の人間というものはとんでもなくつまらないものなんだ。

動きを作るような引力もなく、音声を作るような空気もない宇宙空間に、一体放っといたらどんなドラマが生まれるっていうんだ？　ドラマなんてない。それを見るものが勝手に「ドラマチックだ」と思う、見世物だけだ。人類が月に着陸したことを伝えるテレビの画面が、なんとピンぼけでなんとドラマチックでなかったかは、それを実際に見た人間はみんなよく知っている。現実というものは、ドラマチックであるような因子を隠し持っていたって、実際はちっともドラマチックじゃない。「現実の方がドラマチックだ」と言う人間は、人工のドラマに飽き飽きしてしまった、見ることのクロートだけだ。現実は全然ドラマチックじゃない。そこでは淡々としか時間は流れないで、〝変わる〟ということは、変わったのか変わらないのかはっきりしない程度のピンぼけだ。

人類は、確かにどっかで知能というものを持って猿から分かれたろうさ——何万年という時間をかけて。そんなものを見ててどうしておもしろいだろうか？　第一、そんなものを見ていたら見ている側の寿命が尽きる。でも、やっぱり、ある時突然、人類というものは知能を持ってしまった——持ってとんでもなくダイナミックに立ち上がった、なんていう光景を、やっぱり見たいと思わない訳じゃない。それを「見たい」と思うことは、やっぱり「見たい」と思う側に、それを見ることによってはっきりする、はっきりさせられるような〝予感〟のようなものがあるからだ。「自分だって、ある瞬間人類が自分の意志と知恵を持って立ち上がったように、夜明けに向かって立ち上がりたい、叫び出したい」と思ったら、そういう光景を見てしまうじゃないか——自分の瞼の裏に。「そういうものをみんなにだって見せたいな」と思うことが、ドラマを作る側の欲望でもある訳だしね。

だからモノリスという、一番なんのヘンテツもないシンボルを出現させる訳でしょう。「ある時ね、知的な生命体が人類の祖先に働きかけたんだ」——これはとんでもなくスリリングなおとぎ話だ。それだけのものだが、おとぎ話というのは、それを必要とする人間に、とってもとっても必要なものだ。

成長を必要とする子供は、とっても素直にそれを受け入れる。
　でも、つまんないことに、大人ってだめなんだ。「これはね、おとぎ話を作る為の〝嘘〟なんですよ。ホントに単なる〝嘘〟で、それ以上のものでもなんでもないってことを明らかにする為に、ただの黒い石なんですよ。なんの手掛かりもなくただ黒い、各辺が1：4：9っていう1・2・3のヴァリエーションで出来てる黒い直方体にしたんですよ」っていう、それだけの虚構(フィクション)を、どうして〝神のようなもの〟ってことにしなくちゃおさまらないんだろう？　あぁ、〝自分が変わる〟ってことがなんにも分かんない人が、相変わらず二十年たってもいる〝その後〟なんだなって、『2010年』を見てそう思う。
　こんな現状に対して怒りしか持たないっていうことが、物語の根本を作る〝意志〟なんだぞって、多分、ボウマン船長は言っていたんだ、あの、一九六八年に。

（はしもと・おさむ／作家）

［『さまざまなエンディング』主婦の友社、一九九〇年］

論考

SF作家としてのスタンリー・キューブリック

藤田直哉

「サイエンス・フィクションとは、人間と、宇宙におけるそのありかたにたいする定義——現代の進歩した、だが混乱した知識の状態（科学）のなかでも変質しない定義——を追求するものであり、特徴としてはゴシック、あるいはポスト＝ゴシック小説の形式を継ぐものである」——ブライアン・オールディス『十億年の宴』（浅倉久志・酒匂真理子・小隅黎・深町眞理子訳、東京創元社）一二頁

意外なことに、キューブリック監督作品のうち、明確にSFだと言える作品は三作に過ぎない。一九六四年の『博士の異常な愛情』、一九六八年の『2001年宇宙の旅』、一九七一年の『時計じかけのオレンジ』だけである。キューブリックが企画し脚本も執筆していた二〇〇一年のスピルバーグ監督作品『A.I.』を含めても、四作しかない。にもかかわらず、やはりSF作家としてのイメージが強烈にあるのは、どうしてだろうか。

おそらくそれは、ビジュアルのインパクトゆえにだろう。特に『2001年宇宙の旅』における、手前から奥までピントが合いすぎて逆に異様な空間。人工物による、汚れや陰りのない映像。ありえないぐらいのシンメトリー。これらがキューブリックのパブリックイメージを形成したのだろう。

この要素は、多かれ少なかれ、他の映画にも見受けられる。そしてこのビジュアルは、単なる趣味の問題ではなく、彼自身の思想とも関わっている。思想と映像の、内容と形式の驚異的な一致こそが、キューブリックの作家としての実に優れた美質である。ＳＦとは、その思想と見事に共鳴するようにしてある時期のキューブリックが用いたジャンルである。

キューブリックの思想とは、端的に言えば「理性」の功罪を問うものである。あまりにも明晰で幾何学的な映像は、非常に強い理性を感じさせる。「啓蒙」とは「暗闇を啓く」ことであり、暗闇を啓くものは「光」である。その光は「視覚」と「理性」と重なるものとして、啓蒙主義以後の西洋では理解されることが多い。理性により、世界を明晰で清明に理解することが、より良い世界に繋がるというのが、啓蒙主義の考えだ。『２００１年宇宙の旅』のカメラと美術は、この「啓蒙主義」的な態度がさらに極端化した未来を表現している。

「啓蒙主義」はヨーロッパの価値観に大きな影響を与えた。この思想の内容を一言で言うと、あらゆる人間には理性があり、それは普遍的なものであり、その力によって科学的にも道徳的にも人間は進歩していく、というものである。十七世紀から十八世紀にかけてのヨーロッパは「啓蒙時代」と呼ばれる。キューブリックには、この「啓蒙主義」への問いが、常にある。

『２００１年宇宙の旅』の冒頭と結末は、ニーチェの『ツァラトゥストラはかく語りき』からタイトルを採ったリヒャルト・シュトラウスの楽曲が用いられている。これは、啓蒙主義に反発したニーチェを、キューブリックが好意的に引用した痕跡ではないかと解釈することができる。

ニーチェは、「啓蒙主義」的な、清明で「形式的」「秩序」志向の態度を「アポロン的」と呼び、渾沌とした「陶酔的」「創造的」態度を「ディオニソス的」と呼ぶ対比を提示した（『悲劇の誕生』）。キューブリックは、『２００１年宇宙の旅』の中で、この二者の闘争を描いたと思しい。

では、ディオニソス的なものはどこにあるのか。それは、ボーマン船長とＨＡＬの対決の場面にある。ここは、科学と理性の産物であり幾何学の象徴のようなＡＩと、人間との対決の場面である。あまりに管理され統制された世界＝宇宙船の中で、自分を殺そうとしてくるＨＡＬに対し、ボーマンの怒りが解放される。狂気と暴力の陶酔が静かに訪れる。一方でＨＡＬも頭がおかしくなり「ディ

『2001年宇宙の旅』

ジー」を歌う。そのような闘争と狂気の中に、ディオニソス的な陶酔と興奮が宿るのである。

あまりにも強烈すぎる理性の支配を、美術やカメラ（視線）で表現し、その中で狂気に進んでいく人々の感情の解放という状況を、キューブリックは描く。そこにこそ魅力がある。啓蒙主義的な光の中で、人間の内部で狂気や暴力が高まっていき、それが解放される際の、祝祭的でディオニソス的な昂奮。『2001年宇宙の旅』は、理性的なもの（アポロン的なもの）と、情念的なもの（ディオニソス的なもの）の対立と葛藤と、その止揚の映画だと言っていい。

この啓蒙主義と、それに対する祝祭的な狂気の炸裂という構造は、『2001年宇宙の旅』以降のキューブリック作品の多くに当てはまる。たとえば『シャイニング』におけるシンメトリーだらけのホテル内でのジャック、『フルメタル・ジャケット』における微笑みデブが、ディオニソス的になっていく人物の典型である。また、『時計じかけのオレンジ』の若者たちもそうだろう。『時計じかけのオレンジ』の舞台は、ソ連化し全体主義化した近未来のロンドンである。ソ連とは、人間を理性的な計画で科学的に管理する方がうまくいくのだという社会思想をモットーとした巨大な（敗北した）社会実験のような国家である。そのような環境の中で逸脱し、暴力に走る若者が、矯正され、「理性的」に啓蒙されることの残酷さこそが、本作の一つのハイライトだった。

キューブリックはＳＦ作品を撮ったが、それは「啓蒙主義」的な進歩史観に関する強烈な疑義という主題を盛るための器としてではなかっただろうか。

『時計じかけのオレンジ』のあと、キューブリックは十八世紀を舞台にした歴史物『バリー・リンドン』を撮る。つまり、ここからはもう狭義のジャンルＳＦ作家とは言えなくなる。しかし、「理性」を巡るテーマは一貫している。『バリー・リンドン』は元々、『ナポレオン』という企画だった。『バリー・リンドン』における印象的なシーンは、戦争において、数多く集まっている兵士たちが整列させられ、四角い陣形になって動くシーンである。

ナポレオン戦争以前のヨーロッパの戦争は傭兵が戦うものだった。しかしナポレオンは国民を徴兵し、フリントロック式前装銃を使って戦う戦術を用いた。つまり、ナポレオンはそれまでは兵士ではなかった「国民」を兵士へと鍛え直すシステムを作り、兵器の規格の標準化などで彼らを「使える」「戦士」にしていった。この発明により、彼は戦争に勝ち続けた。

理性による武器や戦術の発明と、システム化と管理によって戦争のあり方が根本的に変わった。そういう瞬間をキューブリックは『ナポレオン』で描こうとしていたのだろう。それは、『２００１年宇宙の旅』の冒頭で、モノリスによって知性を授けられ道具を使うことを覚えたサルが、すぐに他のサルたちと争って殺し始めた瞬間を描いたことと重ねて考えるべきだろう。それぞれ異なる時代で殺戮の手段が高度化していき「進歩」していく瞬間をこそ、キューブリックは観客に見せたいのだ。

サルたちが空に放り投げた骨は、モンタージュにより、宇宙空間に浮かび地球を狙う核爆弾になる。

「科学」と「理性」の行方への憂慮は、第二次世界大戦後の世界的な思潮でもあった。広島・長崎に投下された原子爆弾によって幕を開けた「核時代」。全面核戦争による人類絶滅の脅威が、真に起こりうることとして多くの者に不安感と恐怖感を与え、人類の進歩に対する楽天的なヴィジョンが描きにくくなってしまっていた。

ＳＦというジャンルは第二次世界大戦後に活況を呈したが、それはこのような主題系に対する葛藤や思索を、総合

『バリー・リンドン』

的に提示しうる器が、そのような場所にしかなかったからだ。

本当であれば宗教や哲学が行うべき課題を、なぜ商業的なエンターテインメントが担うようになったのか。それは、第二次大戦後に訪れた権威の失墜が関係していると思われる。これまでの指導者や権力者の言う通りにしていた結果、第二次大戦が起こり、全面核戦争の脅威が訪れたわけであるのだから、もう人任せの権威主義的な態度でいるわけにはいかなかったのだろう。自分たちの未来や生き方について、誰かに上からヴィジョンや結論を押し付けられるのではなく、自分で考えて提案して選んでいくべきだと考える者たちが多かったのではないか。一九六〇年代にピークを迎える「若者たちの叛乱」と、おそらくは共振した問題意識と危機感の中で、このジャンルは発展した。

キューブリック作品は、未来への予測において両極を描く。『博士の異常な愛情』は、人類が手に入れた、自分たち自身を滅ぼしうる科学技術である「核兵器」による全面核戦争を描いていた。そのスイッチを押すのは、あまりにも愚かで利己的な政治家や科学者に絶望した一人の人間である。

人類の行末の「絶滅」という一つの極を『博士の異常な

愛情』が描いていたとしたら、『2001年宇宙の旅』では、人類がより良い存在へと進化していく可能性が描かれる。モノリスという黒い抽象的な板のようなものに接して、道具を使うことを覚えた＝理性と科学を手に入れた人類は、核兵器で自分たちの生命を常に脅かすようになる。だが、進化してスターチャイルドになった結果、人類の核兵器をみな破壊してしまう存在へと至る（実際の作品では描かれないが、設定上はそうなっていた。アーサー・C・クラーク『2001年宇宙の旅』、『失われた宇宙の旅2001』参照）。

この両極にキューブリックは揺れ続けていた。それは、科学と理性、「進歩」と「啓蒙」の行末に対する、キューブリック自身の葛藤の表れでもあるだろう。それが、時代の悩みと共振したところに、これらの作品が誕生し、成功を収めたのだ。

「理性」と「啓蒙」への懐疑という主題にキューブリックがこだわった理由を考えるに、ナチス・ドイツが行ったホロコーストのことを避けるわけにはいかないだろう。ホロコーストは、西洋的な進歩や理性、そして科学的な管理の是非について、悲観的な影を投げかけた。

『フルメタル・ジャケット』のあとに、キューブリックはホロコーストを題材にした映画『アーリアン・ペーパーズ』の企画を進めていた。キューブリック自身がユダヤ人である。ついでに言えば、キューブリックの三番目の妻クリスティアーヌの叔父は、ナチス時代に政権に協力していた映画監督フェイト・ハーランである。少なからぬ因縁があるのである。

ホロコーストとは、単なる野蛮や残酷ではなく、理性と計算による殺害であると言われることが多い。六百万人とも言われる人々を殺し、遺体を処理するなどということは、激情や思い付きでできることではない。官僚たちによる緻密な計画と実行、電車による輸送とガス室での効率的な殺害を可能にしたのは「理性」そのものである。人間を計数的に扱う理性の力の、一つの極端な現われとしてホロコーストは語られることが多い。

実際、筆者もアウシュビッツを訪問したことがあるが、建物は碁盤の目のように綺麗に立ち並び、収容所も幾何学的に美しく出来上がっていた。人間を立ったまま餓死させるための非常に小さな部屋というものもあるのだが、それを組織的・計画的に緻密に作り上げるということが、野蛮なのか文明的なのか分からなくなる。

これは他の虐殺とは明らかに異なっており、たとえば、カンボジアのトゥール・スレン虐殺犯罪博物館を訪問した際に見たものはもっと杜撰であった。小学校を転用した収容所で、拷問を行うための設備もその辺にありそうなベッドの骨組みにすぎない。人々を収容していた部屋も、煉瓦などが歪んだ感じで組み上げられたものにすぎず、理性や文明による洗練された産物というよりは、もっと野蛮で泥臭い何かのように感じられた。

ホロコーストは、理性や文明の進歩に対する楽観主義への大きな疑いを投げかける特異な事象であった。そしてキューブリックは、それを映画化しようとしていた(『シャイニング』を扱ったドキュメンタリー映画『ROOM237』〔二〇一二〕では、『シャイニング』がホロコーストやアウシュビッツのメタファーの映画だという解釈が提示されている)。

第一次世界大戦の後、戦車や毒ガスや塹壕戦を経験したヨーロッパにおいても、理性や進歩や文明を懐疑する表現運動が起こった。ダダイズムやシュールレアリスムがそれである。それと同じように、キューブリックもまた、第二次世界大戦の衝撃——特に、ホロコーストと、核兵器——を受け、人間理性と進歩の問題を問い直さざるを得なくなった表現者の一人であろう。

SFとは、理性と科学と技術を一つの中心的な主題とし、その行末の遥か未来を思索するジャンルであるから、キューブリックがこだわってきたテーマを盛るに相応しい器だっただろう。

冒頭でその「SFの定義」を引用したブライアン・オールディスが『十億年の宴』(一九七三)というSF論で言うには、SFの起源はメアリ・シェリーの『フランケンシュタイン』(一八一八)であった。

急進的なフェミニストだった母メアリー・ウルストンクラフトや、性的に放埒だった啓蒙主義者でありロマン派詩人の夫パーシー・ビッシュ・シェリーとの関係など、色々と説明しなければいけないことがあるのだが、そこは一挙に省略させてもらって結論だけ言うと、『フランケンシュタイン』には既に過度な理性や科学主義への疑義や、科学によって人間や生命や環境を「改造」していくことへの疑問などがあった。そして、過剰に進歩を信じる急進的な態度への「叛乱」も既に描かれているのだ。オールディスは、SFはここに始まり、それを継いでいると言う。

確かにSFは、楽天的にしろ悲観的にしろ、多くはそのようなテーマを主題にしていた。その意味では、キューブリックは見かけとしてはジャンルSFを三本しか撮っていないが、主題と思索の中身においては、SFと同じ精神を共有している、と言いたくなる。しかし、そういう結論を出す前に、少し考えてみたい。

このSF論を提唱しているオールディスは、キューブリックの遺作『A.I.』の原作『スーパートイズ』を書いた人物でもある。一九七〇年代にはキューブリックは本作を映画化しようとしており、オールディスとも交流はあったと言われている。オールディスの『十億年の宴』は六〇年代には構想があったらしいが、刊行は一九七三年。

キューブリックがオールディスの考えの影響を受けたのか、あるいはオールディスがキューブリックの影響を受けたのかは分からない。だが、後者かもしれない、と想像することは、ちょっと面白い。なにしろ、オールディスのSFのもう一つの重要な定義に、「進化」もあるのだ。『2001年宇宙の旅』の影響も疑いたくなろうものだ。

我々が「キューブリックがSF作家かどうか」を議論するためには、「SFとは何か」の定義を必要とする。そして「SFとは何か」に関して最も権威あるものはオールディスのそれである。だから機械的に結論を出すならば、キューブリックはSF作家である、と言えるのだが、もしキューブリックがSF作家かどうかを判断するための「モノサシ」「定義」それ自体がキューブリックの影響で生まれたものだとすると、そのモノサシでキューブリックを測ることは、滑稽極まりないし、循環的なものになってしまう。

であるならば、結論として言えるのは、キューブリックはSFが発展した第二次世界大戦後に、SFと同じ魂と問題意識を持ち、それと響き合う歩みを続け、相互に影響を与え合った偉大な作家だった、ということではないか。

「人間と、宇宙におけるそのありかたにたいする定義――現代の進歩した、だが混乱した知識の状態（科学）のなかでも変質しない定義――を追求する」という定義は、あらゆる時代における人間存在を透徹したまなざしで、まるで顕微鏡で観察するかのように描いたキューブリックの多くの作品に、おそらくは当てはまる。性の欲望を描いた『アイズ ワイド シャット』や、それこそ、人工知能を通じて人間存在を描いた哲学的な遺作『A.I.』にも、まさに。

（ふじた・なおや／SF・文芸評論家）

論考

道化・音楽・諷刺

『時計じかけのオレンジ』のキメラ的世界

後藤護

「彼〔＝アレックス〕の魅力の虜になった……彼を道化だと思っていた」
——マルコム・マクダウェル

ルイス・ブニュエルやオノ・ヨーコがコメントを寄せ、夥（おびただ）しい衝撃的（ハラショー）な図版に彩られたアモス・ヴォーゲルの伝説的名著『転覆芸術としての映画（*Film as a Subversive Art*）』【図1】では、プロット／ナラティヴ／モンタージュにおける逸脱、視覚的タブーとしての死／暴力など、映画にみられる様々な「転覆表現」が取り上げられていて超暴力（ウルトラヴァイオレンス）映画『時計じかけのオレンジ』もいくつかの項目に顔を覗かせているのだが、キューブリック映画の特筆すべき「音響」を思うとき、この本にサウンドにまつわる転覆表現が一つもないことに気づかされる。明らかに聴覚は視覚の下位にあるのだ。

「言語の価値引き下げ」なる項目で「沈黙」にヴォーゲルは重きを置くが、灯台下暗しというか、肝心の科白（せりふ）を一種の「サウンド」にまで還元する視座は持ち合わせていなかったようだ。キューブリック映画は科白含めて「音響」なのに、である。というわけで、本稿では一種の道化論として『時計じかけ』を論じていくが、ヴォーゲルが取りこぼした「サウンド」という死角も埋め合わせるかたちで展開していきたい。

図1　ブニュエルは「視覚的啓蒙」と本書を呼ぶが、グロテスクで猥雑なヴィジュアル満載でむしろ「暗黒啓蒙」の書。さまざまな転覆表現を検討したのち、最終章では「転覆の転覆」「永遠の転覆」など見出しからして自己撞着（?）に陥っていくのが極めて道化のスタイル。

杖と言語――道化の「ラディカルなスタイル」

ヴォーゲルは「転覆」という言葉を偏重したが、この上下反転したカーニヴァル的世界で主役だったのが古来道化である。『時計じかけのオレンジ』は明らかに道化論として処理できる。マルコム・マクダウェル演じるアレックスが握りしめる仕込み杖はいわゆる「道化と笏丈」（W・ウィルフォード）の結びつき【図2】を思わせ、このアルフレッド・ジャリ言うところの形而下棒（パタフィジック）は「秩序」に打撃（トルチョック）を与えるためのものだ。道化文学者の高橋康也曰く、

「棍棒」（または杖）こそは、トリックスター神ヘルメスの昔からコメディア・デル・アルテのアルレッキーノや「パンチとジュディ」のパンチのもつ棒をへてチャップリンのステッキにいたるまで、道化にとって欠かせぬ小道具である……この棍棒は恐ろしく多目的使用の品物であって、チャップリンがよくやって見せるように絶妙な攻撃用武器にもなるし、王笏のパロディ……でもある。ときにはそれは狂気瘋癲の象徴であり、ときには「フュシス」のチャンピオンたる道化の「性的絶倫」を誇示する男根象徴でもある。★1

とりわけ最後の「男根象徴」としての道化の杖は、キャットレディ襲撃の際にアレックスが装着した（団子鼻な

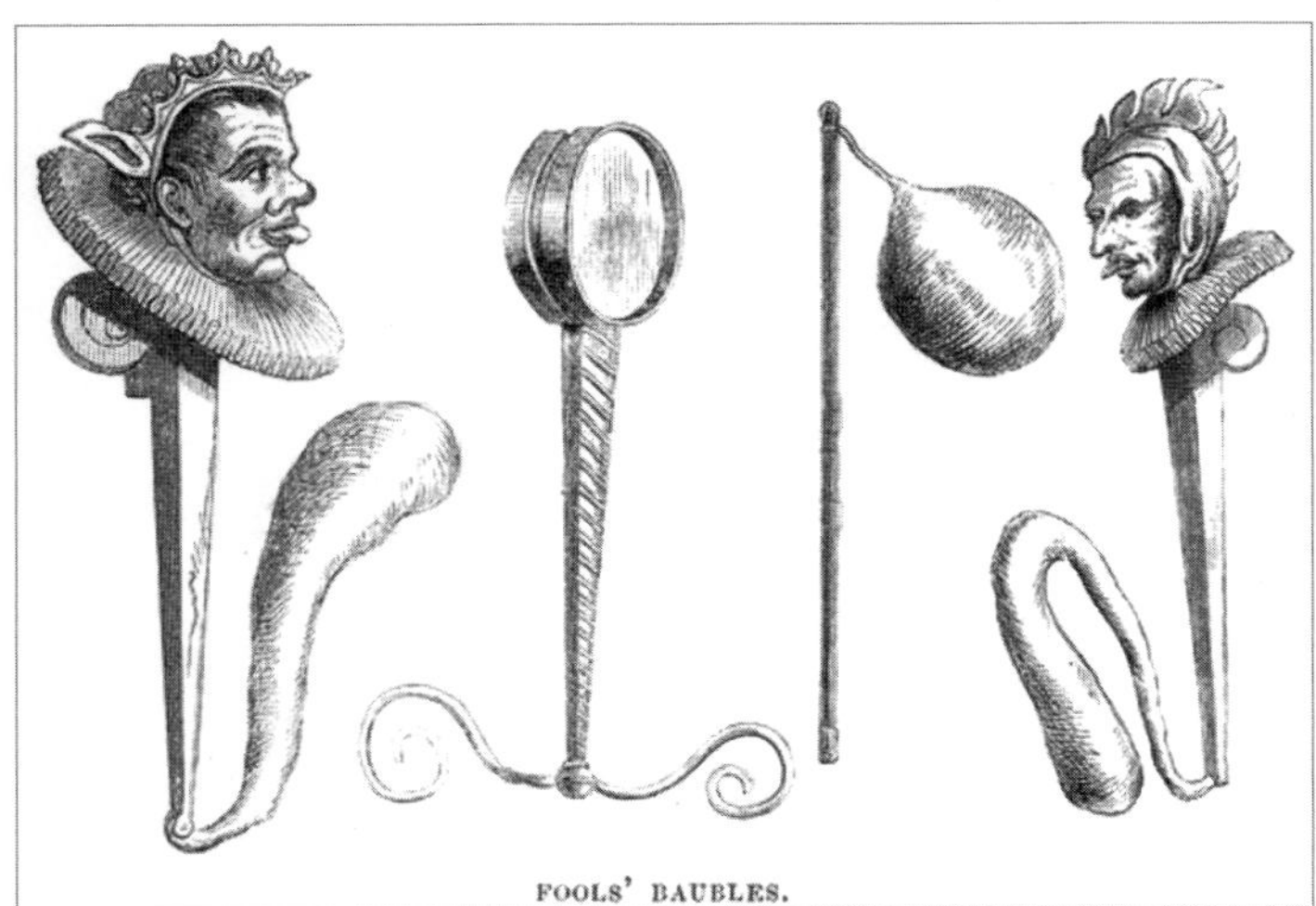

図2　「道化の棒」さまざま

らぬ）男根鼻のついた仮面と対応し、さらには殺害道具ともなった名高いディルド型オブジェとともにアレックスに絶倫型道化の烙印を押す（そもそも股間を守るよりも強調するために付けられたコッドピース！）。MGMミュージカルの名曲「雨に唄えば」を口ずさみながら朗らかに強姦するこの天才的阿呆が行っているのは、「日常的感情に支えられた人間及び世界像の破壊なのであり、そこで人間は、徹底して「物」の集合体に置き換えられるのである。[★2]」

世界を「物」に変える道化（あるいはアレックス）のスラップスティック的機械学は、身体のみならず言語にも及ぶ。本作におけるスラヴ語・ロマ語・コックニースラングの混成言語（マカロニコン）たるナッドサット言葉の機関銃的乱れ撃ちは、もはや意味（シニフィエ）より音声（シニフィアン）が優先された道化的世界（マニエリスム）を招来する。アレックスの先祖（みおや）たるアルレッキーノもまた伊・仏・羅の入り乱れる混成言語を駆使していたこと、山口昌男が『道化の民俗学』で伝えている。

> イタリアとフランスの間を自由に往還していたコメディア・デラルテの登場人物としてのアルレッキーノが、このような混成体会話を喋ったことはよく知られている。ここに見られるのは徹底したパロディーの精神であることを人は否定できないであろう。即ち、壊れた玩具の一杯つまった玩具箱をごちゃ混ぜにひっくり返したような混乱した情景の中に、一つの統一したイメージを作り出すような効果がここにはあるのだ。
>
> （山口、一二六頁）

いわば「パロディー化、言葉の遊戯を通じて、彼はむしろ言葉から観念を剥奪し、遊戯性を導入することによって、言葉を彼の創り出すキメラ的世界の全体性の中に組み込んでいたのだ」（山口、一二四頁）

そもそもキューブリックの道化言語への関心を忘れてはなるまい。『現金に体を張れ』におけるティモシー・カレイの閉口障害がもたらすおぞましい発音法、『ロリータ』におけるピーター・セラーズのエキセントリック・レトリック・トリック、[★3]『博士の異常な愛情』におけるストレンジラヴ博士のドイツ語訛（なま）り、極めつけは『フルメタル・ジャケット』のハートマン軍曹による「罵倒のつづれ織り」（ケイト・マッキストン）が挙げられる。[★4]科白さえ一種の「サウンド」として「聴取」しうる本作は（バージェスの原作含め）極めて音楽的な作品だ。すると続いて音楽使用における「道化」を見ていく必要がある。

ロッシーニ対ベートーヴェン

　本作を特色づける二大クラシック作曲家のベートーヴェンとロッシーニは、映画内では対立関係にある。★5 まずベートーヴェンはアレックスがカセットでかけたり拷問シーンで流れていたりと映画物語内音楽（ダイジェティック）として使用され、登場人物たちにも聴こえているが、対蹠（たいしょ）的にロッシーニは映画物語外音楽（ノンダイジェティック）として使用され、アレックスらには聞こえていないという対立がある。さらにこの対立を掘り下げると、ロッシーニの「泥棒かささぎ」が流れるシーン（ビリー・ボーイ一派との乱闘～作家宅への侵入シーン、キャットレディ宅への侵入～仲間の裏切り）では喧嘩・強姦・殺人といった超暴力に歯止めがきかず、道化的破壊行為のサウンドトラックに選ばれたのは明白だが、他方ベートーヴェンが流れるときはアレックスが優雅に室内鑑賞するシーン（あるいはその逆転としての拷問シーン）で、快楽にせよ苦痛にせよ、ある種のシリアスさに結びついていることが分かる。

　そして実はこの対立関係は映画を超えて、音楽受容史にまでその起源を遡（さかのぼ）ることができる。当時、勤勉でシリアスな音楽と見なされたベートーヴェンに対して、ロッシーニはおどけた軽佻浮薄なものと見なされたという歴史があるのだ。ラファエル・ゲオルグ・キーゼベッターも一八三〇年代を「ベートーヴェンとロッシーニの時代」という二極構造として捉えており、いわば知的な真面目音楽と快楽的な道化音楽という区分けであった。★6

ロール・オーヴァー・ベートーヴェン

　時代を遡って真面目音楽（ベートーヴェン）と滑稽音楽（ロッシーニ）のような図式を提示はしてみたが、現在の耳で聞いてみるとベートーヴェンの「第九」の騒々しさも避けがたく道化的（キッチュ）に思われる（ナチの仰々しさが容易にキッチュに反転するように）。とりわけ最終楽章はありえないくらいの技巧をパッチワークしたかまびすしいものであり、同時代人メンデルスゾーンは「超真面目（ウルトラシリアス）とスラップスティック」の混在と表現した。★7 その意味でウォルター・カルロス（のちに金玉（ヤーブル）をとって女性名ウェンディに）のモーグ・シンセサイザーによる電子音楽化は、あらかじめベートーヴェンに内包されていた道化ぶりをより誇張したもの（カリカチュア）に過ぎない。キューブリックはカルロスの電子音楽をしてベートーヴェンの本質（キンタマ）を摑んでいると讃えたが、ここには「消

ウィリアム・チャールズ・ジョン・ピッチャーによる『お気に召すまま』の道化タッチストーンの衣裳デザイン。『時計じかけ』は音楽が鳴りやまない映画であるが、楽曲を繋ぎ合わせる「メドレー」なる語も元々は「道化服」を意味する。

像画より似ているカリカチュアがある」というベルクソンの至言がこだましている。

さらに敷衍するならば、「第九」の技巧のパッチワークぶりは『時計じかけ』それ自体が騒々しい手法の寄せ集めであることとシンクロしている――SEX時の超高速コマ落とし映像＋超高速「ウィリアム・テル序曲」、仲間割れシーンの（当時では異例の長さの）スローモーション、かつての仲間（ドルーグ）がアレックスを警棒で殴るときのミッキーマウシング（コミック的音響処理）など挙げればキリがない。故にこの「第九」最終楽章で映画を締め括ることは意味深長なのだ。

諷刺と道化服

ところで「第九」および『時計じかけ』の技巧の寄せ集めを「パッチワーク」と言ったが、ここで継ぎ接ぎだらけの道化服（モトリー）を思い浮かべてもらいたい【図3】。ウィリアム・

ウィルフォードは道化服に関して、「混沌として不調和な諸要素を含みながら、時にはそれらを均衡と調和のとれた一パターンの中に統合する」としたが、この道化服に象徴される混淆形式が「諷刺」を招来する――「諷刺（satire）」の語源がラテン語の「ごった煮（satura）」であることは偶然ではないのだ。★8 本作でもっとも多用されるナッドサット言葉「頭（ガリバー）」は、言うまでもなく英国最大の諷刺作家スウィフトへのオマージュである。

キューブリックも「このストーリーはサタイア的なものだ。真実の反対をあたかも真実のように描くのがサタイアの特質だ」★9と明言しているが、では何を諷刺しているかというと、「暴力は愉しいと感じていいのかと問うとき、人々はある特定のタイプの暴力なら楽しんでいる」という心理である。★10 暴力を封じるためのルドヴィゴ療法がむしろ超暴力だと逆説的に言い得るならば、「暴力」が何を意味するのかは「観方」によって変わる、この「曖昧さ」こそが本作最大の諷刺である。いわば立ち位置によって見え方が変わる畸形遠近法（アナモルフォーシス）のように、『時計じかけ』は観客に「暴力とは何か？」と面白真面目（セリオ・ルデーレ）に問いかけるのだ。

しかし「暴力」が良いとか悪いとか、そのような範疇にキューブリックを押し込めることは彼の思想の矮小化であろう。というのも、猿が骨を握りしめて「超暴力」と「道具」を同時発明したおかげで、宇宙船開発までつながる「文明」が作り出されたことを前作『二〇〇一年宇宙の旅』で描いた「醒めた道化師」（小林信彦）キューブリックなのであるから。★11

（ごとう・まもる／暗黒批評）

注

★1 高橋康也『道化の文学』（中公新書、二〇〇六年第七版）、八四頁。道化の「杖」と「ペニス」の関係についてはマーティン・グローチャン「道化と精神分析」（「ユリイカ」一九七三年六月号、特集：道化）が有益。「機能」から「遊び」へと逸脱した杖の百態に関しては池内紀「ステッキをめぐる考察」（「現代思想」一九八三年二月号、増頁特集：〈遊び〉の研究）が委細を尽くしている。

★2 山口昌男『道化の民俗学』（新潮社、一九七五）、二四頁。

★3 『ロリータ』で取り上げられるポーの「ウラリウム」は、G・R・ホッケが『文学におけるマニエリスム』巻末のアンソロジーにも加えた綺想詩であり、言語の超絶技巧である。

★4 ナッドサット言葉含め、キューブリック映画の猥雑言語の豊饒ぶりはラップ・ミュージックのリリックを予告したところがある。実際、『フルメタル・ジャケット』の"Me So Horny"というセリフは、2ライヴ・クルーというヒップホップ集団の曲タイトルとして引用され大ヒットした。

★5　ロッシーニ／ベートーヴェン以外にも、音楽的な対立構造がある。ルドヴィゴ療法を受けて刑務所（ステイジャ）から出てきたアレックスが自宅にもどると、両親は息子代わりの同居人といっしょにくつろいでいる。そこでラジオから流れているのがエリカ・エイゲンの「灯台守と結婚したい“I Wanna Marry a Lighthouse Keeper”」という間延びしたポップソングで、これをマッキストンはキューブリックがシリアスなシーンの直後に対位法的に配置する「空虚な音楽（inane music）」の典型だとする。ここで明らかとなるのはポピュラー音楽とクラシック音楽の対立だ。アレックスが大好きなベートーヴェンを聞くときは室内で一人で聴くのであり、対照的に「灯台守と結婚したい」は、居間で新聞を読むときのＢＧＭとしてシェアされ、聞き流されている。映画冒頭で浮浪者が歌っていた「モリー・マローン」も古くからの民謡であること、この老人がリンチの対象となることからも、ポピュラー／クラシックの対立構造、エリート趣味としてのアレックスのベートーヴェン狂いが見えてくる。Kate McQuiston, *We'll Meet Again: Musical Design in the Films of Stanley Kubrick* (Oxford, 2013), P.30.

★6　McQuiston, P.166.

★7　McQuiston, p.173-174. エドワード・サイードが『晩年のスタイル』（岩波書店、二〇〇七年）の第一章「時宜を得ていることと遅延していること」で、「第九」を含むベートーヴェン晩期の音楽に「断片的性格」や「散漫で、しばしば極端に無頓着な反復的性格」を挙げている。しかしサイードによれば、それを単なる寄せ集めとして安易な統一性をもたせ和解・糾合させないのが「晩年のスタイル」であり、「芸術史において、晩年の作品はカタストロフィーである」というアドルノの言葉を引用している。（三二一―三五頁）

★8　しかし語源以上に説得力があるのがキューブリック自身による『時計じかけ』予告編である。高速版「ウィリアム・テル序曲」に乗せて矢継ぎ早に繰り出される映像技法の数々のさなか、“satire”の一語が黒画面に浮き出るあたりで「諷刺」と「ごった煮」の不即不離の関係が見えてくる。

★9　デイヴィッド・ヒューズ『キューブリック全書』内山一樹・江口浩・荒尾信子訳（フィルムアート社、二〇〇一）、二五〇頁。

★10　ヴィンセント・ロブロット『映画監督スタンリー・キューブリック』浜野保樹・櫻井英里子訳（晶文社、二〇〇四）、三二六頁。

★11　最後にネタばらし。「彼は一匹の鳥を持っている」を意味するドイツ語“Er hat einen vogel.”が慣用句で「彼は頭がおかしい」を意味することから、この道化論をヴォーゲル（vogel）本の話から始めた。それと本論とは特に関係ないが、禅など東洋思想に詳しい比較宗教学者R. C. Zaehnerによる *Our Savage God*（S&W, 1974）という本の第一章“Rot in the Clockwork Orange”が、チャールズ・マンソン、『時計じかけのオレンジ』、アレイスター・クロウリーの三者を並べて論じる変わり種としておすすめ。

Kubrick Words 2
キューブリックは語る

私は、偶発的な核戦争の問題を真面目に扱う映画を作ろうと思って、脚本を書き始めた。本当に起こり得るストーリーを考えようとしていると、とても馬鹿げていて捨てようと思うようなアイディアが、どんどん浮かんで来た。私は自分にこう言い続けた。「こんなことはできない。みんな笑うぞ」と。しかし、一ヵ月位たった頃、投げ捨てていたアイディアは、すべてとても見込みのあることだということに、私は気がついた。(中略)このストーリーを語る唯一の方法はブラック・コメディ、あるいはこの方が適切かも知れないが、ナイトメア・コメディ(悪夢のような喜劇)として語るやり方だ。そうすれば、せいぜいただ笑いを呼ぶだけのことが、本当に核戦争を起こすかも知れない逆説的な状態の中心となる。

[「イメージフォーラム」一九八八年四月増刊号]

ストレンジラブ博士は精神病者ではない。彼の言うことはすべて真実だ。それは奇妙な方法で表現されるが、人類を救う方法についての彼の考えは正しい。それは魅力的ではないが、真実である。

[「キューブリック全自作を語る」田山力哉訳(『世界の映画作家2』キネマ旬報社)]

『博士の異常な愛情』

(「あなたの好きな、自作を教えて下さい」と訊かれて」)三本挙げなきゃいけないな。『2001年宇宙の旅』『時計じかけのオレンジ』そして『博士の異常な愛情』だね。これらは私のベストフィルムだと思っている。

[「ビデオ・デイズ」一九八八年三月号]

『2001年宇宙の旅』

マクルーハンの説を逆にとれば、『2001年』ではメッセージがメディアになっている。私は、この映画が主観的体験になるように作った。そして、観客の内面に訴えたのだ。たとえば、ベートーベンのシンフォニーを〝説明〟しようとすると、概念と認識の間にある境界によって、感動が弱くなってしまうものだ。映画の哲学的な、またアレゴリカルな意味を考えるのは自由である。しかし、そうした意味は、ただそれだけのものである。ということは同時に、観客に深くくいこむことでもある。私は、『2001年』をこう見なさい、とは言いたくない。それぞれの観客が、何かを強制され、ポイントを見失うことを怖れていたのでは困るのだ。

[「プレイボーイ」高沢瑛一訳(『世界の映画作家2』キネマ旬報社)]

『時計じかけのオレンジ』

政府は結局のところ、あらゆる人々を統御するために、社会の最も残酷で乱暴な構成員の雇用に頼っている——要するに新しくもないし、手垢にまみれた考えだ。この意味では、(『時計じかけのオレンジ』の)「俺は全快した」というアレックスの最後の台詞は、「総統、私は歩けます」というストレンジラヴ博士の退場の台詞と同じものと見做せるかもしれない。腐敗した全体主義社会の詰め込み主義で育てられた子供としてのアレックスの最後のイメージと、身体障害から奇跡的に回復した後のストレンジラヴ博士の再生は、劇的であると同時に、ある思想の表現としてうまく機能していると思う。

[ミシェル・シマン『KUBRICK』内山一樹監訳、白夜書房]

何と言っても、この地球でもっとも無慈悲な殺し屋は人類なのだ。私たちの暴力に対する関心は、潜在的なレベルでは遠い祖先と大差ないことを示唆している。

[ヴィンセント・ロブロット『映画監督スタンリー・キューブリック』浜野保樹・櫻井英里子訳、晶文社]

いかなる芸術作品も、芸術作品であること以外の責任は問われない。いつの時代もそうだが、芸術作品とは何かということについてはかなりの議論がなされている。私はそれを定義しようと試みる最後の人物だろう。

[「サイト&サウンド」一九七二年春号(「イメージフォーラム」一九九九年秋号)]

Kubrick Words 2

——二十世紀芸術の問題の一つは、他の全てを犠牲にして主観性と独創性に没頭していることだと思う。これは特に絵画と音楽においてそうだ。このことは最初は刺激的だったが、まもなく特定の様式が極限まで発展するのを妨げ、面白くない不毛の独創性という報いを受けた。と同時に、大変悲しいことに、映画には正反対の問題がある——それは常に公式化と成功の反復を試みてきた。映画はその幼年期にもたらされた形式と様式にしがみついている。確実なことがみんなの望むものであり、独創性はこの世界では良い言葉ではない。繰り返し言われる戒めではあるが、確実なことほど危険なものはないというのは本当だ。

[ミシェル・シマン『KUBRICK』内山一樹監訳、白夜書房]

『バリー・リンドン』

映画を創るにあたって、最大の難関は良い本（原作）を見つけ出すことなんだ。それはまず、小説はシナリオではない、という事実から始まる。そして、オリジナル脚本を書ける人は、実に少ない。小説家でそれができる人はめったにいないよ。

同時に、良き脚本家でもある監督も少ない。ウッディ・アレン、イングマル・ベルイマン、そしてトリュフォーぐらいだね。

監督にとって、その人生でたったの一度しか作れないほど、オリジナル脚本は奇跡なんだ。『市民ケーン』が例に挙げられるが、オーソン・ウェルズは彼の生涯で、『市民ケーン』以上のものは創れなかった。

[「ビデオ・デイズ」一九八八年三月号]

他人の書いたストーリーだと、客観的にその善し悪しを判断できるが、自分で書いたらその判断は難しい。ストーリーの第一印象はとても大切だ。一般の観客が初めて映画を見て感じるフレッシュな印象、それと共通するものがあるから大切にしなければならない。

[「イメージフォーラム」一九八八年六月号]

映画の様式に関して特に重要だと思われるような新しいアイデアに最近は出くわしたことがない。斬新な様式を生み出すことに熱意を傾けるのは無駄なことだと私は思う。真に独創的な考えを持った独創的な人物ならば、旧い様式の下で創作を行なうことができるはずもなく、単純にそれまでとは別なことをするだろう。その他の人間は、様式を伝統的なものと捉え、その範疇で創作を行なうべきだ。

[「オブザーバー」一九六〇年一二月四日号(「イメージフォーラム」一九九九年秋号)]

Kubrick Words 2

■論考■

キューブリックの音を聴く

二本木かおり

キューブリックの映画サウンドといえば、「音と映像の対位法」がよく指摘される。シーンの内容とは正反対の音楽をつけるとか、「映像＋音楽」ではなく、異質な映像と音楽を掛け合わせる「映像×音楽」だとかいった言及である。確かにキューブリック作品の音楽遣いは、それまでのハリウッドが確立してきた、物語の意味やイメージを同類イメージの音楽で増幅させるスタイルとは一線を画している。しかし、シーンを作品テーマに沿ってより意味づけ、作品に対峙する我々の感情を揺さぶり、作品が進む時間に寄り添って展開するという点を踏まえれば、キューブリックの音楽手法は「映画の要素各々が自立したアンサンブル」としての面持ちがある。それは音楽に留まらず、セリフや現実音などの他のサウンドや、フレーム内にしつらえられたオブジェ、フレームの構図などにもいえるだろう。

そもそも音楽用語としての「対位法」とは、いわゆる和音とメロディではなく、メロディが幾層にも重なり織りなす複旋律の手法を指すものだ。実は、和音という概念はこの複旋律から誕生した。つまり、複旋律音楽の手法である

『時計じかけのオレンジ』

対位法とは、いわゆる和音とメロディから成る現在の音楽の原点なのである。この「対位法」という観点からすれば、キューブリックの作品にはいくつもの意味要素がテーマに基づく形で並走しており、確かに対位法的である。それはぶつかっているようで、実は意味として確固とした位置づけが見られる。そして、それは映画という総合芸術の原点を引き出す手法でもあるのだ。

キューブリックほど、音楽や音に意味を持たせる作家はいない。いわゆる映画音楽としてのオリジナル楽曲を基本的に作らず、クラシックを中心に既成音楽を作品に並走させるキューブリックは、作品テーマやシーンの内容を構築するために、これまでのベタ塗りとは別の意味づけ要素として、音楽をフル活用している。

『時計じかけのオレンジ』は、初期のアナログシンセサイザーを使った記念碑的な映画作品である。当時モーグ社のアナログシンセサイザーは、時折、既存の音楽作品の編曲演奏に使われていた。『時計じかけのオレンジ』では、主人公アレックスお気に入りの曲としてベートーヴェンの「交響曲第九番」が登場する。アレックスが乱暴の限りを尽くす前半では主にオーケストラ演奏が流れるが、中盤からシンセサイザーによる演奏で、原曲とはイメージの違う、やや歪な、奇妙な、今聴くとどことなくチープな感覚をもたらす音楽へと変貌している。この第九はアレックスのモチーフとなっており、だからこそ流れる第九自体がアレックスにとって重い刑罰にも変貌していく。しかも、前半と後半を繋ぐキーパーソンである作家の家のチャイムは、なんとも軽々しく聴こえる、ベートーヴェン「交響曲第五番運命」の「運命がノックする」モチーフなのである。どこか笑えるその、危うい シーンに響くライトな音と「運命がノックする」意味の重ね付けは、意味のポリリズムとなっている。

作品前半、アレックスはジーン・ケリーのミュージカルナンバー「雨に唄えば」を口ずさみながら、作家の妻に乱暴を働く。欲望を発散するアレックスの屈託のなさが、「雨に唄えば」の軽やかなステップを想起させるほどに恐ろしさとして浮かび上がってくる。アレックスが女の子たちと乱行を繰り広げるシーンでは、ロッシーニの「ウィリアム・テル序曲」がシンセサイザーによって演奏される。テンポよく馬上から弓で射る楽曲イメージと女の子と楽しむさまとが重なり合い、さらに早回しの映像が音楽のテンポとガッチリ合ってコミカルな演出となるこの手法は、今やコントでおなじみだ。

『時計じかけのオレンジ』サウンドトラック盤

こうしたキューブリックの音へのセンスが最初に露わになったのが、『博士の異常な愛情』だろう。核戦争に至るまでの経緯を皮肉たっぷりに展開するこの作品のラストで、キノコ雲の映像に合わせて、第二次大戦中の流行歌「また会いましょう」がゆったりと流れる。もう二度と戻れない状況に至った瞬間に登場するラブソング。モクモクと湧き上がるキノコ雲のその動きにリンクするかのような、ゆったりとたおやかな調べ。もちろん、それはブラックコメディのラストにふさわしい、強烈にシニカルなとどめの音楽だともいえる。しかし、イカれたり慌てたり、逆に状況を知らずにのんびりしていたりして破滅に向かっていく人間への愛情を感じさせもする。すでに、戦争対応としてラジオが全て没収された中マンドレーク大佐が所持していたラジオから流れるポップスで、その愛の布石は打たれていた。一方、会議のシーンでは一切、BGMとしても場面内の音としても音楽は現れない。かといって、音楽がない故の緊迫した感覚もあまりない。だからこそ、ラストで落ち着いて流れるラブソングが核戦争の現実を指し示す機能も果たし、愚かで笑える人間への愛情さえも感じさせるのである。キノコ雲を眺めながら聴く第二次大戦中の流行歌が、戦争下で「また会いましょう。いつかどこかで。太陽の明るく輝く日に」と歌っていた人間の、普遍的な感情に寄り添うのだ。

キューブリックの音楽の怖さは、何もこうした「一般的に反対の感覚の対置」だけではない。キューブリックは古典的なクラシック音楽だけでなく、リゲティやペンデレツキ、バルトークといった現代音楽もよく使用している。キューブリックは、これらの現代音楽を「不安」「恐怖」の意味構築のために使用している。『アイズ ワイド シャット』では、性的な嫉妬と不安、思わぬ事件に巻き込まれていく恐怖などが、リゲティの「ムジカ・リチェルカータ」によって静かに煽られていく。それは、シーンの中で演奏されるジャズなどと違い、明らかにこの作品の緊迫感を演出している。現代音楽は一般的にサスペンスでよく多用され、不穏な要素を煽る役割を担っているが、キューブリックもまた、やや上品ながらも同様の形で現代音楽を使っているのだ。現代音楽はそもそも「恐怖」や「不安」を表現しようとして作られた音楽ではなく、それまでにない新しい音楽のあり方を探る中で登場してきた故に調性から離れた音楽である。電子音が新しい無機質さ故に宇宙イメージに重ねられたように、現代音楽もまた、その無調性故にサスペンスイメージに重ねられた訳だ。その点、キューブリックは「反対のものを対置させる」ことや「同じイメージのものを塗り重ねる」ことを目論んで音楽を選んだ訳ではなく、それぞれの音楽が持つ響きや意味を解釈し、自身の作品テーマ構築にそれこそ利用しようとしただけだろう。

『時計じかけのオレンジ』でアナログシンセサイザーによる演奏を効果的に使い分けていたキューブリックは、まさに『2001年宇宙の旅』では、シンセサイザーや電子音イメージを重ねずに、宇宙の感覚を、リヒャルト・シュトラウスの交響詩「ツァラトゥストラはかく語りき」の導入部を利用して観客の深層心理に訴える。作品冒頭の「日の出」のシーンを印象付けるこの楽曲名にある「ツァラトゥストラ」とは、ゾロアスター教の開祖のことだ。この開祖の名をタイトルとしたニーチェの著書『ツァラトゥストラはかく語りき』を、シュトラウスが交響詩の題材とした。つまりこの音楽は、神という概念を求めて人類が原始から

『2001年宇宙の旅』サウンドトラック盤

宇宙に散って彷徨(さまよ)う『2001年宇宙の旅』のテーマそのものにそっくりはまる世界観を描くものであり、「神は死んだ」というニーチェの永劫回帰の観念を、いわば「塗り重ねて」いるのである。シュトラウスがニーチェの世界観を表現した音楽を、キューブリックは、宇宙人とコンタクトする人類の旅を表現すべく利用した。SFといえば電子音という文脈がクラシック使用によって崩された訳だが、何もそれはSFのテーマに「対置」させたものではなく、むしろテーマに「寄せて」置かれたものなのである。

　ヨハン・シュトラウス二世の「美しき青きドナウ」の円舞感もまた、青く美しく光る地球の周囲を巡る宇宙船のダンス、無重力の中をたゆたうペンの浮遊感にぴったりと合致する。作品前半でヒトザルが黒いモノリスを囲む際には、蟬のように合唱を響かせるリゲティの「レクイエム」が流れる。この「レクイエム」は、磁力を放つモノリスのモチーフとなっている。月面クラビウス基地でこの「レクイエム」が響くと、モノリスから強力な信号音が放たれ、木星へと向かう宇宙船の映像にハチャトリアンの「ガイーヌのアダージョ」が乗せられる。まるでこちらこそがこれから訪れる人類のレクイエムのように、切なく、やるせない弦の単旋律が、冷たい船内に漂う。どれも「違うもの」を対置させたのではなく、その映像の意味に「当てはまるもの」を合わせたクラシック曲なのである。

　こうしてキューブリックは、それまでの映画における音楽使用の文脈とは外れた自らの「合致曲」をチョイスし、映画のテーマのために映像や他のサウンド、オブジェらと並走させた。その結果、音楽の持つ「意味」を映画に使う一種の方法論を確立したのである。その新しい文脈は、今や映像物における音楽の一つの文脈として多くの人に学ばれている。テレビのコントで使われる音楽はこうした文脈に溢れているし、キューブリック以降の映画作家もまた、こうした音楽や音の映画的文脈を探っている。

　キューブリックの作品は、紛れもなく大きな物語の軸を中心に構築されている。その軸を支えるために、映像に意味づけする音楽や音が選ばれ、ある時は対比を強調しな

『2001年宇宙の旅』

がら、ある時は密やかに寄り添いながら、物語として並走していく。これは、物語としての映画が備えていた、映画サウンドの原点なのである。ゴダールは、映画の物語性に言及して揺さぶりをかけるために既成の音楽を使い、その文脈を利用して映画の物語性を分断した。しかしキューブリックは、その文脈を利用して物語を構築する。古き良きハリウッドのワグネリアン的なシンクロ劇伴とは違っていても、それはやはり、映画の軸となる物語に「合わせる」手法なのである。

（にほんぎ・かおり／日雇いミュージシャン）

【論考】

建築で読み解くキューブリック映画

五十嵐太郎

ホテルという主人公

スティーブン・キングが執筆した小説の映画化として、キューブリックの傑作『シャイニング』の四十年後を描く続編にあたるということで、『ドクター・スリープ』(二〇一九)を鑑賞したが、これは別物だと感じた人は多いだろう。もちろん、さんざん待たせせた挙句、最後にようやくオーバールック・ホテルを再訪し、おなじみのキャラも登場するものの、後者はほとんど普通のサイキック・バトルになっていたからだ。逆に同じく超能力(=シャイニング)をテーマにしながら、独特の世界観の作品に仕上げていたキューブリックの個性がよくわかる。映画『シャイニング』では、ほとんど雪が深い冬に閉鎖されたホテルが舞台であり、シンメトリーへのこだわり、赤、緑、橙、黄、紫などの印象的な色使い、幾何学的なパターンなど、空間の美学とそれが増幅する精神的な恐怖に震撼させられたが、『ドクター・スリープ』にはそうした視覚的なデザインに対する鋭い感性が決定的に欠けている。いわば『シャイニング』は、建築が重要な役割を果たす映画なのだ。

あまりにリアルなホテルだが、実はセットである。もっとも、まったく架空の建築とも違う。数週間、アート・ディレクターのロイ・ウォーカーが、アメリカでホテルやインテリアを撮影し、それらの写真をもとにキューブリックの好みに従い、ロンドンのスタジオで再構成が試みられた。例えば、ホテルの外観は、ピクチャレスクな表情をも

『シャイニング』

『シャイニング』で使用された迷路の模型（「Stanley Kubrick: The Exhibition」より）

つオレゴンのティンバーライン・ロッジを再現した巨大なセットであり、ロビーはヨセミテ国立公園のアワニー・ホテル（おそらくネイティブ・アメリカンの模様はここに因む）、斬新な赤いトイレはフランク・ロイド・ライトが設計したビルトモア・ホテルから着想を得ている。つまり、インテリアもすべてセットだし、雪も本物ではない。また映画の中で模型も出てくる迷路は、ラドレット飛行場の近くでつくられた（冬のシーンは別のセット）。ともあれ、実在する建築とその細部をベースにしていることで、一方で様々な要素を組み合わせることで、リアリティを担保しているが、どこにもないホテルを創造した。

デザイン・ミュージアムの展覧会

二〇一九年、ロンドンを訪れた際、デザイン・ミュージアムにおいてスタンリー・キューブリックの展覧会「Stanley Kubrick: The Exhibition」（二〇一九年四月二六日〜九月一五日）を鑑賞した。同館の地下の部屋では、アフリカ系の建築家、デイヴィッド・アジャイの個展を開催していたように、これもただ映画を紹介するのではなく、デザインの視点から映画を切りとる企画だった。日本の場合、ジブリ、富野由悠季、エヴァンゲリオンなど、アニメーション系の映画ならば、美術館で展覧会が開催されるが、残念ながら、実写映画はほとんどないだろう。エントランスは、オーバールック・ホテルの廊下の幾何学的な床模様の先に赤いドアがあり、そこを抜けると、奥に一枚、両側に二枚ずつの映像パネルがキューブリックの作品を映しだし、来場者を迎える。会場はさすがに人の入りが大変によく、キューブリックの根強いファンが今も多くいることがうかがえるものだった。展示は知られざる初期の作品から始まり、ほぼすべての作品を回顧する企画である。もちろん、ポスター、当時の記事、脚本、絵コンテ、監督の椅子、撮影に使った特殊なカメラ、編集機材など、各種の貴重な資料を展示しているが、ここではキューブリックらしい美術や建築へのこだわりという点から、いくつかの内容を紹介しよう。

『2001年宇宙の旅』は、無重力の空間を表現するために制作された三百六十度回転する巨大なドラム型セットの模型や図面、冒頭の猿のシーンの撮影手法を説明するドローイングのほか、原作が収録された雑誌、ロイ・フレデリック・カーノンが描いたリング状の宇宙ステーション、インテリア・デザインなどを展示している。細かいものを

『2001年宇宙の旅』の回転ドラム型セットの模型(「Stanley Kubrick: The Exhibition」より)

挙げると、無重力トイレに記されていた使い方マニュアル、宇宙船のモニターの再現、建築家エーロ・サーリネンがデザインしたチューリップ・ロウ・テーブルなどの家具、パン・アメリカンの旅行ポスターなどを揃えていた。誰も経験したことがない世界をリアリティをもって構築するために、あらゆるディテールに対し、手を抜かずに設計していたことがよくわかるだろう。未来のイメージとしてクリーンな白い空間を決定づけた作品である。それは「ブレードランナー」や「スター・ウォーズ」などが混沌とした未来像を提示するまで、大きな影響を及ぼした。

『時計じかけのオレンジ』では、冒頭に登場する、着想源となったアーティストからは使用を断られ、映画のために新しく制作したエロティックな家具を展示していた。レイプが行われるロココ風の廃墟、カラーポップ・バロックやメタリックな店舗インテリアなど、この映画の背景では印象的な場面が少なくないが、展覧会においてブルータリズムの建築が多く使われていることに触れていることは興味深い。ブルータリズムとは一九六〇年代のデザインであり、粗野なむきだしのコンクリートによる彫塑的な造形を特徴とするが、ニュータウンの団地など後期モダニズムの失敗により、当時の社会ではアーバン・ディストピアの象徴として受け入れられていた（近年は再評価されている）。例えば、ルドヴィコ医療センターは、ブルネル大学のレクチャー・センターである。他にも浮浪者の襲撃、水に突き落とすシーン（テームズミード・タウン）など、ブルータリズム的な空間だ。なお、床レベルが段々になった作家の住宅は、今や巨匠のノーマン・フォスターとリチャード・ロジャーズが共同設計したスカイブレイク・ハウスである。

キューブリックが飛行機嫌いのためと思われるが、海外のロケを行わず、セットで撮影した作品として、『フルメタル・ジャケット』や『アイズ ワイド シャット』も紹介されていた。いずれもベトナムやアメリカではなく、実はイギリスで撮影されている。それゆえ、セット、現場写真、ロケハンの資料を展示している。『フルメタル・ジャケット』では、ベクトン・ガス製造所の近くに大きな屋外セットがつくられた。また『アイズ ワイド シャット』では、ロンドンとニューヨークを徹底的にリサーチし、どの通りを使えば、グリニッジ・ヴィレッジらしく見えるかを検討している。現在はCGの処理によって、ここまで大がかりなセットを実際に準備しなくても、映画の制作が可能になった時

『時計じかけのオレンジ』で使用された衣裳とオブジェ（「Stanley Kubrick: The Exhibition」より）

代だからこそ、改めて当時の映像が凄まじい情熱によってつくられたことがうかがえる。また日本映画では、過去の黄金時代はともかく、近年は予算が限られているため、そもそも巨大なセットを組むことさえほとんどできない。だが、キューブリックは映画のための建築を精密に構想したからこそ、歴史に残る作品群を生みだした。

ケン・アダムとのコラボレーション

キューブリックの展覧会でもとりあげられたが、『博士の異常な愛情』と『バリー・リンドン』の美術を担当したケン・アダムを詳しく見よう。彼は、『ゴールドフィンガー』(一九六四)、『サンダーボール作戦』(一九六五)、『ダイアモンドは永遠に』(一九七一)など、007のシリーズを手がけたことで知られる映画のプロダクション・デザイナーであり、キューブリックが依頼したのも、『ドクター・ノオ』(一九六二)を見たことがきっかけらしい。アダムは一九二一年にベルリンで生まれ、ロンドン大学のバートレット校で建築を学び、建設会社や空軍の勤務を経て、一九四八年から映画の美術部に所属した。その後、『スター・トレック』(一九七九)など、九十作品を手がけ、二度のオスカー賞に

『バリー・リンドン』

輝く。また一九九九年にロンドンのサーペンタイン・ギャラリーで、彼のスケッチを紹介する回顧展が開催され、ドイツの映画博物館ではケン・アダム・アーカイブを整備している。彼が建築を学んだのは、モダニズムが世界に広がっていく時代である。したがって、基本的に幾何学的な空間を設計していたが、斜めの壁や柱が多いのは彼の特徴だろう。

もっとも忘れがたいインテリア・デザインは、おそらく『博士の異常な愛情』におけるペンタゴンの戦略会議室だろう。リング状のテーブルと照明も印象的である。この形状は、キノコ雲のほのめかしにもなっている。スピルバーグは、これを映画史における最高のセットだと絶賛したらしい。また後にロナルド・レーガンが大統領になって、戦略会議室を見せてくれと言ったらしい。それだけ強いイメージを与えたものである。当然、アメリカで撮影した映画ではない。これはどのように誕生したのか。アダムによれば、当初は吹抜けがある二階建てのスケッチで、これも気に入っていたが、二階で何をするのか、という疑問が出され、変更した。その結果、われわれが知るデザインになった。傾いた壁をもつ、三角柱を転がしたような空間に対し、キューブリックは幾何学の中で最も強い形態だとコメントしたらしい。斜めの壁に世界地図が表示された巨大なスクリーンは、プロジェクターでの投影をあきらめ、電球を用いたので、熱がすごかったという。『博士の異常な愛情』では、ほかにもB52爆撃機の内部と空軍基地も重要なシーンであるが、アメリカ軍の協力を得ていないため、前者は資料をもとにリアルな再現を試みている。つまり、それぞれに異なる手法によって、インテリアがつくられた。

アダムは、キューブリックと相当議論しながら、デザインを決めたことに疲れ、もうやりたくないと考え、『2001年宇宙の旅』の仕事は断ったものの、フランスの現場まで追いかけて依頼されたことから、再び『バリー・リンドン』を担当することになった。もっとも、キューブリックは、十八世紀に撮影されたドキュメントのような映画にしたかったため、スタジオは使わず、歴史建造物を活用したのが大きな違いである。したがって、十八世紀の歴史を調査し、ロケハンのために古建築をまわり、イギリスのトマス・ゲインズバラ、ジョシュア・レイノルズ、ウィリアム・ホガース、フランスのアントワーヌ・ヴァトーなど、当時の画家の作品も大いに参考にした。アダムによれば、「レディー・リンドンの家は、ジグソーパズルのようだった」。なぜなら、ウィルトン、ペットワース、ロングリート、コーシャム・コートなどのカントリーハウスのほか、ブレ

『博士の異常な愛情』における戦略会議室の模型

ナム宮殿やハワード城、イギリスの様々な建築を組み合わせて、想像の家がつくられたからである。一方でキューブリックが、十九世紀のヴィクトリア朝のインテリアを好んでいたが、設定された時代と違うから使えないことを説得したという。また十八世紀の衣服を大量に購入したが、当時のイギリス人の身長が低く、結局新しく製作することになった。これに関して、キューブリックは「コスチューム（衣装）」ではなく、「クローズ（衣服）」を使うのだと述べている。

こうしてみると、キューブリックは建築を含む、デザインにこだわりをもっていたが、必ずしもいつも同じやり方を繰り返していたわけでない。それぞれの映画に対し、ふさわしい手段を柔軟に選び、作品の世界を創造していたのである。

（いがらし・たろう／建築史家・建築評論家）

参考文献

"Moonraker,Strangelove and other celluloid dreams : the visionary art of Ken Adam" Serpentine Gallery, 1999

Christopher Frayling "Ken Adam The art of production design" faber and faber, 2005

■コラム■

キューブリック映画のスタッフ・俳優たち

佐野亨

スタッフたち

キューブリックが映画作家としてのキャリアを歩み始める際に、最も重要な役割を担ったといえるのがハイスクールの先輩だったアレキサンダー・シンガーである。ヴィンセント・ロブロットによるキューブリックの評伝(『映画監督スタンリー・キューブリック』浜野保樹・櫻井英里子訳、晶文社)では、シンガーがキューブリックをエイゼンシュテインの『アレクサンドル・ネフスキー』(一九三八)に連れていき、あまりの感動からサウンドトラック盤を買ったキューブリックが「妹バーバラの気がふれそうになるまで」レコードを聴きつづけたというエピソードが語られている。シンガーは、『拳闘試合の日』で助監督、『非情の罠』でスチル撮影、『現金に体を張れ』で製作補を務めた。その後は自身監督としても活動。一部でカルト化している『八月の冷たい風』(一九六一)のあとは、TV映画を数多く手がけている。

このシンガーの仲介によって、やはり初期キューブリック作品の重要な共作者となったのがジェラルド・フリードだ。キューブリックと同じくニューヨークのブロンクス地区で育ち、ジュリアード音楽院で学んだフリードは、『拳闘試合の日』で初めて映画音楽を手がけ、『恐怖と欲望』『非情の罠』『現金に体を張れ』『突撃』と、まさにキューブリックとの共同作業を通じて足場を固めていった。以後は「0011ナポレオン・ソロ」(一九六五～一九六七)や「ルーツ」(一九七七)など有名TVシリーズの音楽も担当している。

そしてもう一人、シンガーがキューブリックと引き合わせた人物がプロ

ジェームズ・B・ハリスと

デューサーのジェームズ・B・ハリスである。十代の頃から映画配給に携わっていたハリスは、軍隊の映画班として赴いた戦場でシンガーと出会い、『恐怖と欲望』の制作中にキューブリックと知り合う。その後、『非情の罠』を観てキューブリックの才能を確信したハリスは、彼にふさわしい題材をと書店で見つけたライオネル・ホワイトの小説の映画化を打診し、『現金に体を張れ』を製作。以降、ハリス＝キューブリック・プロダクション名義で『現金に体を張れ』『突撃』『ロリータ』を共作する。『博士の異常な愛情』にも当初は関わっていたが、シリアスな原作をコメディに仕立てようとするキューブリックとのあいだで意見が対立し、コンビを解消した。とはいえ、関係が決裂したわけではなく、以後もキューブリックの才能には最高の評価を与えている。

『博士の異常な愛情』では、諷刺（サタイア）の天才として映画の基調をなすアイデアを盛り込んだ共同脚本のテリー・サザーン、爆撃機の給油を性的イメージに見立てる印象的なタイトル・デザインを手がけたパブロ・フェロら素晴らしい才能が集結しているが、最大の功労者の一人がプロダクション・デザイナーのケン・アダムであろう。おもな舞台となるペンタゴン戦略会議室の美術については、五十嵐太郎氏の別稿で詳述されているのでここでは割愛するが、アダムのひらめきはキューブリックを瞠目させ、次の『２００１年宇宙の旅』への参加は辞退したものの、『バリー・リンドン』では是非にと請われてプロダクション・デザインを手がけ、見事アカデミー美術賞を獲得した。また、美術監督のピーター・マートンによる爆撃機内部のセットは、撮影を見学に訪れた空軍関係者が「いったいどこから情報を入手したのか」と絶句するほど精巧に造形されていたという。ちなみに、キング・コング少佐（スリム・ピケンズ）が水爆にロデオのようにまたがって落下していくシーンはキューブリックが撮影中に突如思いついて撮影したものであり、セットには投下口が設けられていなかったが、視覚効果のウォーリー・ビーバーズのアイデアによって、写真の切り抜きとブルーバック撮影を組み合わせる手法が用いられた。キューブリックにその才覚を買われたビーバーズは『2001年宇宙の旅』にも特殊効果のメインスタッフとして参加している。その『2001年宇宙の旅』の特殊効果で一躍名を知られたのがダグラス・トランブル。スターゲートのシーンで観客を驚愕させた映像効果スリット・スキャンは彼の独創である。

『2001年宇宙の旅』で撮影助手を務めたジョン・オルコット（実際にはスケジュールの遅延で撮影監督のジェフリー・アンスワースの都合がつかなくなったため、相当部分をオルコットが撮影している）は、キューブリックと同じくスチルカメラマン出身であり、彼の画に対するこだわりを正確に理解し、再現できたことから、以後『シャイニング』まで続投。とりわけ『バリー・リンドン』での蠟燭の灯のみを光源とした撮影は、映画史上に残る偉業として語り草となっている。

俳優たち

キューブリック作品における俳優たちは、たとえばシェイクスピア劇のような「見事な演技」ではなく、過度に抑圧された肉体（ゆえに極限まで抑圧された肉体は、映画内でしばしば危ういカタルシスとともに解放される）とニュートラルな精神性の発露を軸とする、一種独特なたたずまいを要求されている。

この特徴を示した最初の俳優は『現金に体を張れ』のスターリング・ヘイドンであろう。そのたたずまいに感銘したキューブリックは、すでに俳優業を引退していたヘイドンに再び出演を懇願し、結果、『博士の異常な愛情』での強烈なリッパー将軍が誕生することとなった。

『ロリータ』と『博士の異常な愛情』に出演したピーター・セラーズは、キューブリック作品における俳優の系譜には当てはまらない特異な個性の持ち主だが、それについてはいいをじゅんこ氏ほかの別稿に譲る。

『2001年宇宙の旅』のボウマン役を演じたキア・デュリアは、まさしくキューブリック的な抑圧とニュートラルの体現者にほかなるまい。『2001年宇宙の旅』で最も印象的な人物の画は、猿人でもスターチャイルドでも、もちろんHAL9000でもなく、じっと押し黙り、HALに呼びかけ、スターゲートにおいて滑稽に捻じ曲がる彼の顔面であった。

実際、『2001年宇宙の旅』以降のキューブリック作品では、こうした人物の顔面の力学がしばしば巨大なスクリーンを支配するのである。『時計じかけのオレンジ』のマルコム・マクダウェル、『シャイニング』のジャック・ニコルソン、『フルメタル・ジャケット』のR・リー・アーメイやヴィンセント・ドノフリオ……キューブリックの映画は演技や個性をもって賞賛される俳優の領分を、まず顔面という一点において指し示そうとする、きわめて特異な（同時に最もプリミティブな）表現なのである。

むしろ、その個性とキューブリック映画の抑圧／ニュートラルな精神性を両立させえたのは、主演者ではなく脇の人物を演じた俳優たちだったのではないか。『現金に体を張れ』でタイニー、『突撃』でアーノー二等兵、そして『シャイニング』でバーテンのロイドを演じたジョー・ターケル。『時計じかけのオレンジ』でアレックスの父親、『バリー・リンドン』で執事グレアム、そして『シャイニング』で前管理人グレイディを演じたフィリップ・ストーン。『時計じかけのオレンジ』で作家アレキサンダー、『バリー・リンドン』でシュヴァリエを演じたパトリック・マギー、『時計じかけのオレンジ』で内務大臣、『バリー・リンドン』でハラム卿を演じたアンソニー・シャープ。『時計じかけのオレンジ』で刑務所の牧師、『バリー・リンドン』でグローガン大尉を演じたゴッドフリー・クイグリー。彼らの不気味で滑稽なたたずまいこそ、キューブリックの人間観を如実に反映しているような気がする。

限られた紙数のなかでキューブリック映画のスタッフ・俳優たちについて触れてみたが、興味深いのはむしろ決裂してしまった人物のほうかもしれない。『ロリータ』の撮影時にことごとくキューブリックと対立し、「絶対に二度目はない」と公言して憚らなかった撮影監督のオズワルド・モリス。『博士の異常な愛情』の出演時にキューブリックとチェスの腕前を競い、自身の意にそぐわぬ演技を採用されたことで憤慨したジョージ・C・スコット。『シャイニング』で常軌を逸した回数のリテイクを出され、役の上だけなく本当に神経衰弱に陥ってしまったシェリー・デュヴァル。あるいは、『時計じかけのオレンジ』のアンソニー・バージェスや『シャイニング』のスティーブン・キングといった映画の原作者、『アイズ ワイド シャット』の共同脚本を手がけたフレデリック・ラファエルらによる批判を掘り下げていくことで見えてくるキューブリック像もあるだろう。

（さの・とおる／編集者・ライター）

Poster Gallery

キューブリック映画のポスター

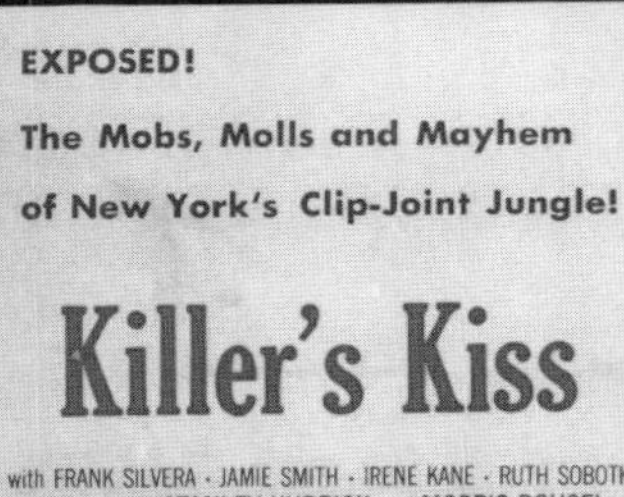

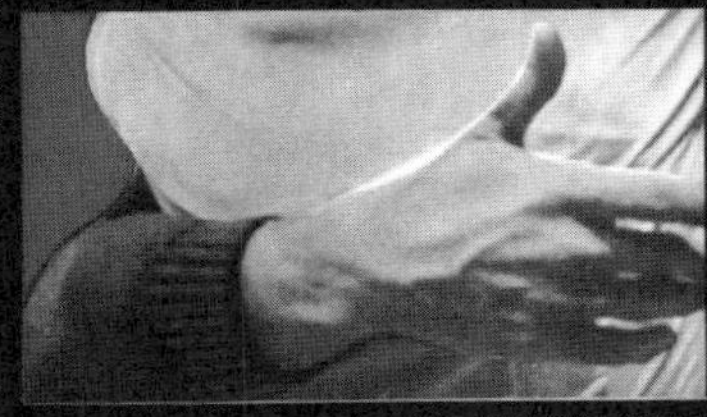

非情の罠［アメリカ］

現金に体を張れ［アメリカ］

突撃［フランス］

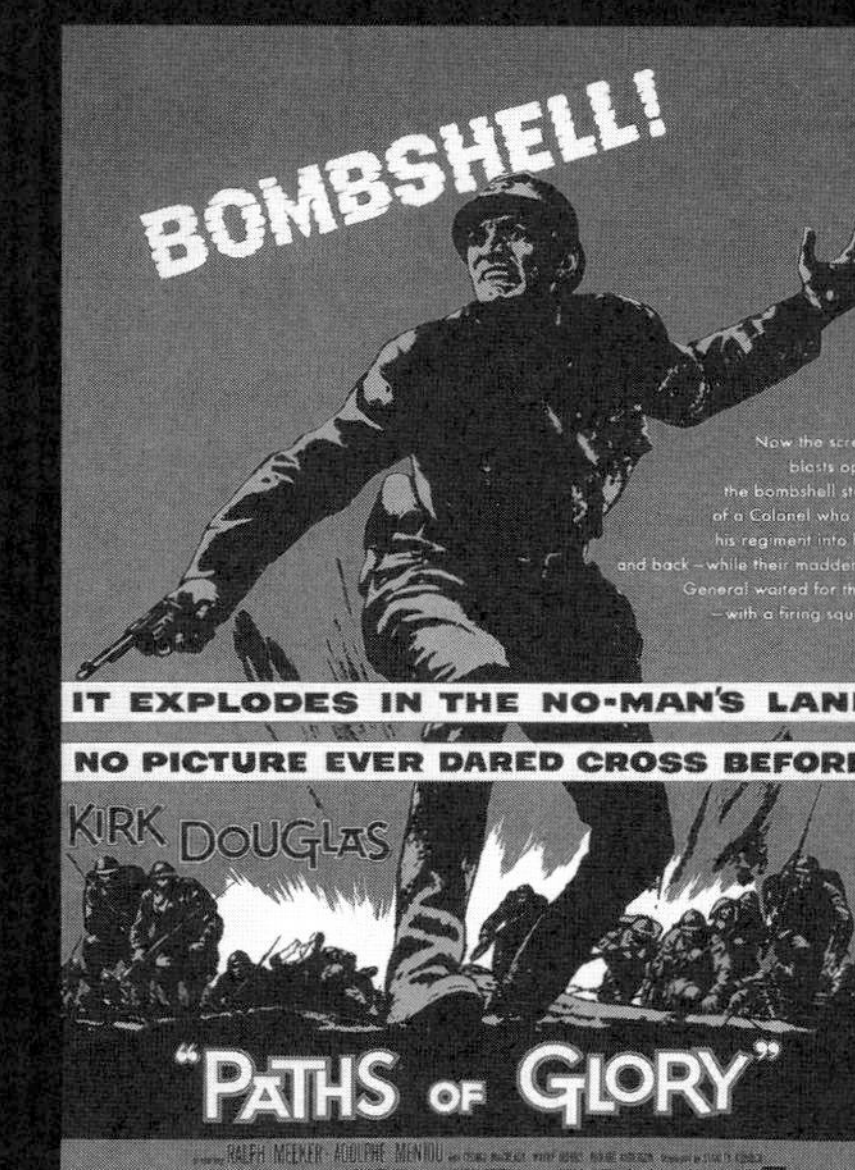

突撃［アメリカ］

ロリータ［イギリス］

博士の異常な愛情［アメリカ］

2001年宇宙の旅［アメリカ］

Poster Gallery

2001年宇宙の旅［ポーランド］

時計じかけのオレンジ［アメリカ］

Being the adventures of a young man whose principal interests are rape, ultra-violence and Beethoven.
STANLEY KUBRICK'S
CLOCKWORK ORANGE
A Stanley Kubrick Production "A CLOCKWORK ORANGE" Starring Malcolm McDowell • Patrick Magee • Adrienne Corri and Miriam Karlin • Screenplay by Stanley Kubrick • Based on the novel by Anthony Burgess • Produced and Directed by Stanley Kubrick • From Warner Bros. A Kinney Company

時計じかけのオレンジ［イギリス］

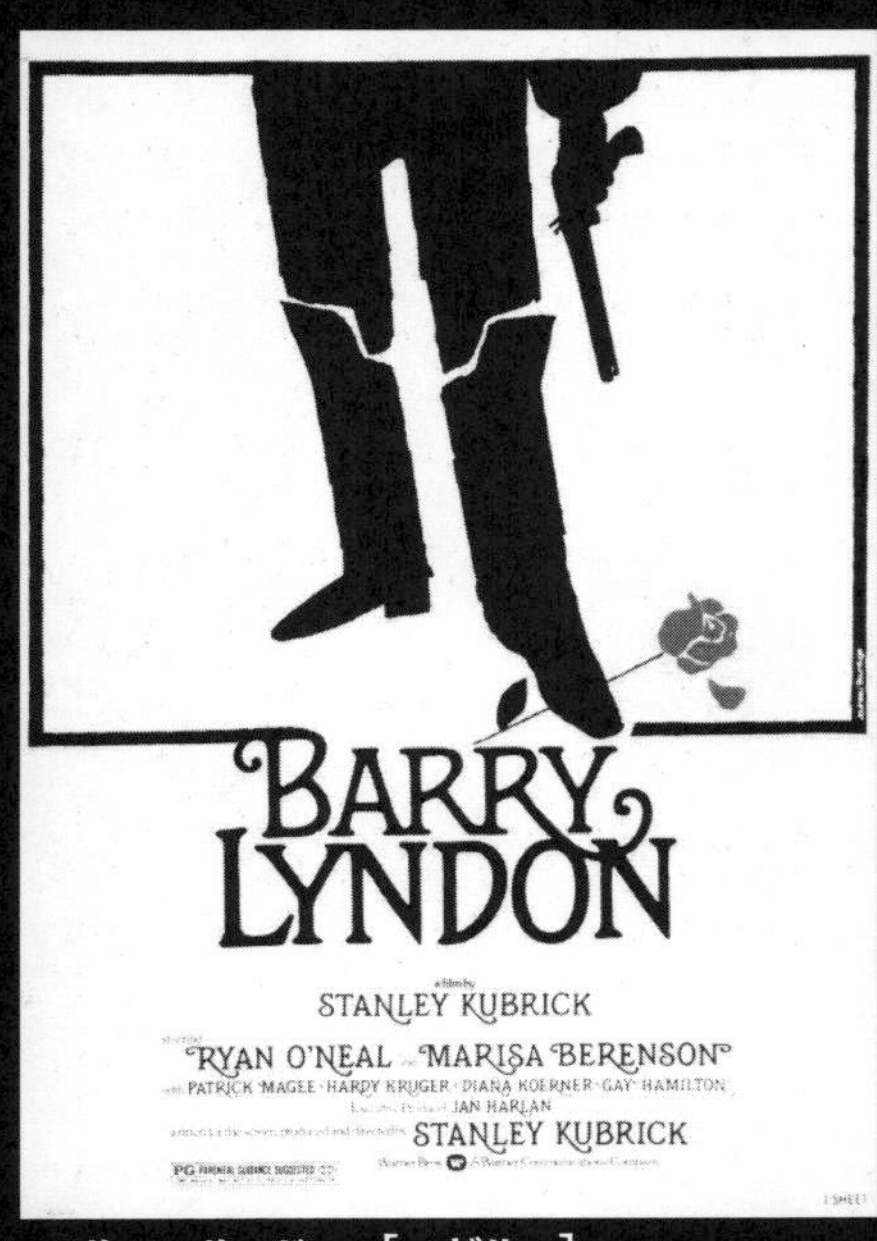

バリー・リンドン［イギリス］

Poster Gallery

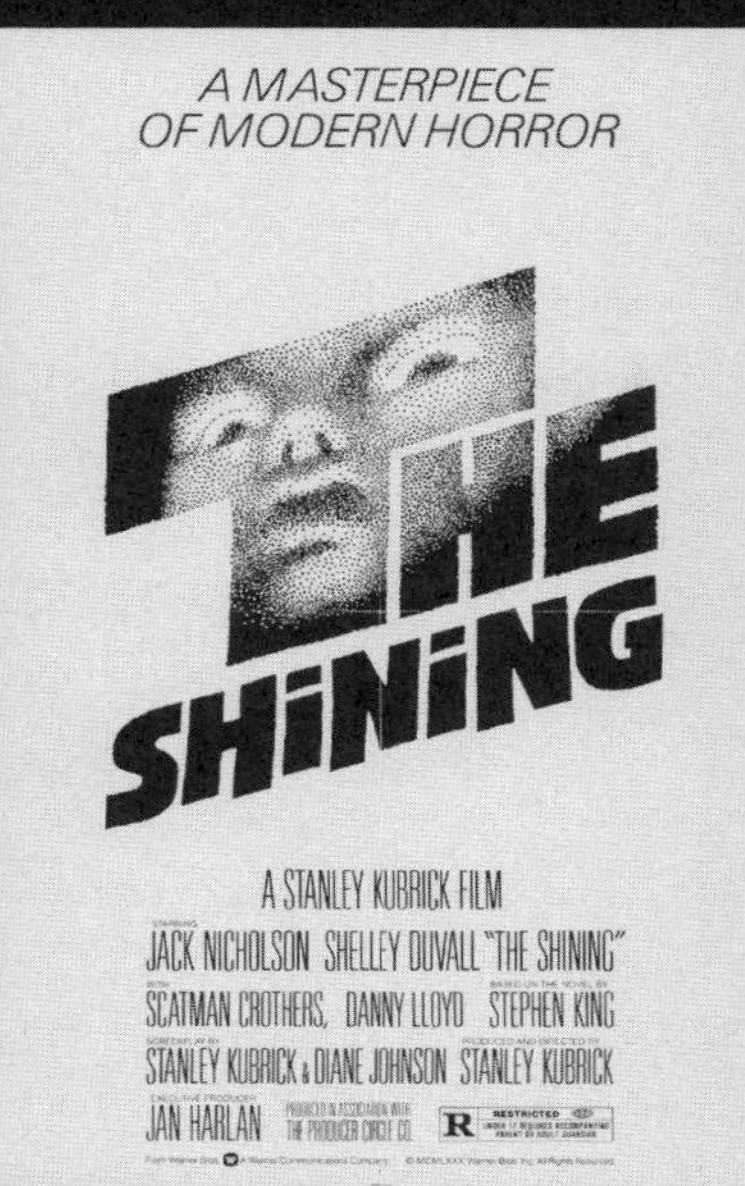

シャイニング［アメリカ］

アイズ ワイド シャット［アメリカ］

フルメタル・ジャケット［アメリカ］

■論考再録■

スタンリー・キューブリックの目ん玉『シャイニング』におけるパラレル・ワールド

中子真治

この原稿のために、黄色いミラーコートの表紙に黒い文字でThe SHINNINGと印刷されたプレスキットを資料棚から取り出し、中に入っている8×10の白黒のスティルを二十枚ほどパラパラとながめて、七月以来きっと十回以上みたはずのスタンリー・キューブリックの『シャイニング』の記憶に追い打ちをかけようと試みたら、あの恐ろしくも冷たい映画の独特の感情がぶりかえし、ちょっと嫌な気分になってしまった。何が嫌なのか、ゾクッと震えながら考え込んでみたら、記憶再生の媒体に使ったスティルにどうも問題があるらしいことが判明した。

スティル（Still）、すなわち読んで字の如く「静止した」映画のショットは、普通どんな場合でもストーリー順にならべれば、まるで絵物語の、あるいは小説の挿し絵のような役割を果たすものだが、『シャイニング』に限ってそれ以上の効果が現れたのである。ちょっと嫌な気分とは、多分この奇怪な現象による恐怖に似た反応なのだろう。

スティルをストーリー順に縦にならべてみた。まさしく絵物語のイメージである。が、しかし平面であるスティル

『シャイニング』

に、実は横の関係と、奥行の存在があることに気づくのである。静止しているはずの白黒のスティルに、時間と空間が明らかに内包されていたのだった。『シャイニング』というきわめて鮮烈な映画がそうであるように……。

閉じ込められた悠久なもの

『シャイニング』の幕開けにみるヘリコプターショットによるスリリングな映像に、すでにキューブリックが語ろうとするテーマの糸口が発見できる。それは時間である。

山間にできた自然湖の水面すれすれをカメラがすーっと移動し、そのまま流れるような映像のうちに、山頂に向かって走る一台のフォルクスワーゲンを後方からとらえたかと思う間もなく、交差し追い抜き、ついいましがた緑に覆われていたあたりの風景がしだいに黄色に、そして茶色に枯れ、ついには山頂の雪化粧を一瞬にしてみせる。

このキューブリックが描き出した映像の妙は、時の流れという悠久なものを、たとえばコロラドの山という海抜の高い移り変わるべき四季を同時に所有する特別な空間においては、簡単に閉じ込めることができると語る。この法則は、そのままオーヴァルック・ホテルという特別な場所にも当てはまり、だからそのホテルには忌まわしい悪霊が巣喰っていると解釈するよりも、ホテルの歴史、ホテルが活動していた時間すべてが同時に存在していると考えられるのである。一種のパラレル・ワールドである。

ただしパラレル・ワールドを体験するためには条件がいる。陶酔である。いくらか静かでなくてはならない。そういった意味で冬場の人の少ない時期は最適といえるだろう。そしてその時、父と母と子の三人だけがいたのだった。

三者のあまりにも違ったパラレル・ワールド体験に、キューブリックは代表的な人間、すなわち男と女と子供の概念を披露する。あまりにも多感で繊細な動物、男。強くてまっすぐ前進することを考える現実的な動物、女。プリミティブで意志を伝達するにも言葉を必要とせず、誰かはそれを超能力とも〝シャイニング〟とも言ったが、実は『2001年宇宙の旅』のヒトザルと同じ動物、子供。というようにである。

スティーブン・キングの原作小説が持つエンタティメントの恐怖から、人間そのものに迫る醍醐味はキューブリックならではのものといえるだろう。

映画では特別仕立ての庭園が出てくる。巨大なメイズで、入口を入ったら出口を求めて歩き回らなくてはならないその場所を母と子が行く。母は前を見ることしか知らない。彼女には出口がそこにおける最終目標なのである。子は実はちょっと上を向いてみることができるが、とりあえず母性に身をまかす。そして父、その男はホテル内にしつらえられたメイズの模型を眼下に見据えながら、女と子供の行動をじっと理解してしまうのである。

映画のクライマックス、パラレル・ワールドの暗黒面だけを体験した父は変貌を遂げ、悲しいかなその繊細さをして悪魔と化し、女と子供を殺害しようとする。極限においてはよりプリミティブな子供が勝利を得よう。まっすぐ逃げることしか知らない女は、はじめてそのパラレル・ワールドが行手をふさいでいることに気づくが、子供の勝利で命びろいすることになる。こうして映画は幕を閉じるのだが、事件や問題はいっこうに解決していないのだった。

静止しているが死んではないもの

事件の翌朝、すなわち映画のエンディングで男の冷凍死体が登場する。かちかちに凍って静止している。そして静まりかえったホテル内、ウォール・フレームに入れられた歴史を誇るホテルの様々な記念写真。カメラの写軸があ

『シャイニング』

る写真をとらえると、どんどん近づき、大クローズ・アップになったその時、一九二一年と記された古ぼけた白黒スティルには、あの父であり男が写っていた。

おそらく冷凍の男は死体ではなく、春が来て気温が上れば自然にとけ、ふたたび動きだすだろう。ホテル内に無数に飾られた白黒スティルは、実は無数に存在するパラレル・ワールドの扉なのである。時間は生きている。静止しているように見えても存在しているのである。それを感じ、体験するには、男でも女でも子供でも、ある種の条件が必要なのである。それはもしかしたらキューブリック作品に接するための、特別な心がまえと似ているかも知れない。

スタンリー・キューブリックの目ん玉。カッと見開いてパナビジョン・カメラのレンズのようでもあり、実はプレスキットに入っていた四枚の彼のスティルこそ、頭髪が脳天まではげあがり無精髭をはやした大監督を静止させて、その風貌も目つきもジャック・ニコルソン演じた悪魔以上に恐いのである。キューブリックこそ、彼描くところの男の概念そのものなのだろう。しかも神になれなかった悪魔……。

(なかこ・しんじ／映画評論家)

[「スターログ」一九八〇年一二月号]

論考再録

これはキューブリックの映画じゃないんじゃないか
『フルメタル・ジャケット』が描く歴史的固有性

生井英考

しばらく前から『フルメタル・ジャケット』の字幕のお手伝いをしてるんですが、難しいですね、やっぱり、字幕って。特にこの映画の場合、ベトナム戦争っていうひどく政治的・社会的な――というかその側面だけが強調して語られてきた対象をキューブリックがどう映画的に押さえこむか、あるいは開放するか、そういう関心が一般にも高いわけでしょう? まあ、ぼくは映画評論家ではないし、もちろん製作畑に嚙んだこともないし、じゃあ何でそんな人間が字幕のお手伝いなんかやってるかっていうと要するにベトナム戦争について多少くわしく自分の専門内で調べたことがある、と、そういういわば映画外の条件だけで声をかけられたからに過ぎないわけですけど、それだけにね、字幕の悪口なんかおいそれとは言えないやって思いましたもの。

ただ、そういう映画外の立場からこの映画を観て、台本もくわしく読んでみて、また映画に戻って……っていう

『フルメタル・ジャケット』

手順を何回かくり返してみると、だんだんヘンな感じがしてきたんですよね。なんというか、ひょっとしたらこれはキューブリックの映画じゃないんじゃないかっていう。もちろん映画内の人たちにすると、そんなのとんでもない妄見でしょうけど、なんかこう、ヘンなんです。そこがどうも、気になる。

たとえばこの映画、脚本家として三人の名前がクレジットされてるわけです。一人はもちろんキューブリック、もう一人は原作の「ショート・タイマーズ」という小説を書いたグスタフ・ハスフォード、それから残る一人がマイケル・ハーという元ジャーナリスト。で、この三人のなかで映画内だとはっきり言えるのはキューブリック一人なわけです。ハスフォードはベトナム戦争中に海兵隊の報道班に所属したキャリアがあってどうやら当時記録フィルムなんかも回したらしいんだけど、それにしたって映画内とはとても言えない。小説家としてだって、まだいささか中途半端ですしね。

それからマイケル・ハー。この人は、たぶんわりと知られていることでしょうけど、コッポラの『地獄の黙示録』（一九七九）にシナリオ担当の一人として参加していながら監督と大ゲンカをやらかしたとかで、結局彼の書いたのはあの映画の冒頭ナレーションぐらいしかなかった。ハーという人は、それでもかなりの映画狂を自任してきた人ですから、彼自身の意識の上では映画内の人間として自分を位置づけてるかもしれませんけど、やっぱり傍目から見ると外部の人間だろうと思います。特に『フルメタル・ジャケット』については原作者ですらないわけだから、彼がここに噛んでいるのはいかにも奇妙な感じです。が、まあともかくそういうわけで、結局これはプロ一人にアマチュア二人の混成チームがシナリオを共作するというかたちになった。で、その結果何が起こったかというと、これはぼくがシナリオのほうに気を取られ過ぎてるのかもしれませんが、まるでマイケル・ハーの映画みたいに見えるものができ上がっている。そこが、さっきヘンな感じと言ったところの一つです。

たとえばね、この映画の半ばあたりで、テト攻勢中のフエの街に入っていった海兵隊の連中をTVのニュースのチームが撮る場面がある。そのとき、兵隊の一人が「よーし、カメラ、スタート。『ベトナム・ザ・ムービー』だ」なんて声をかけて他の兵隊たちが思い思いに「オレさまはジョン・ウェインだ」とか「じゃあ、アタシはアン・マーグレットよ」なんてふざけまわっている。ところがこの場面、ハスフォードの原作にはまるでないんです。で、これがどこから来たかというと、ハーがベトナム特派員時代に書いた「ディスパッチズ」というルポルタージュのなかに、そっくり同じようなシチュエーションがあるわけです。つまり彼によれば、この戦争というのは特派員という〝戦場に最も近い見物人〟たちが一人一人自分で監督・主演している映画みたいなものだった、と。そういうハーのベトナム戦争観、それもきわめて「ユニーク」なベトナム戦争観の典型的な一面が、おそらく故意に『フルメタル・ジャケット』のなかに持ちこまれているわけです。

それからほかにも、たとえばこのシーンの少し前にダナンの海兵基地の報道班のミーティングで軍の新聞のキャップをやっている少尉が主人公たちに向かって、彼らの書いた記事の文句に一つ一つ指示を与えるところがあります。で、そのなかに「『サーチ・アンド・デストロイ』？　ああ、こりゃダメだ。MAFから新しい通達があった。今後『サーチ・アンド・デストロイ』は『スィープ・アンド・クリアー』と呼ぶことにしろとな。スィープ・アンド・クリアー。わかったな?」という場面が出てくる。これもね、これだけじゃ何のことかわからないでしょ？
「サーチ・アンド・デストロイ」というのは、ベトナム戦争中の戦術用語の一つで、「索敵・殲滅」戦と訳されます。ウエストモーランド大将の司令部が正式に採用した呼び名です。ところが海兵隊のほうは、もちろん命令系統上はウエストモーランドの指揮下に入ってるんだけど、その司令部の陸軍主体の戦略策定に不満で仕方がない。海兵隊というのは、ジョン・ウェインの『硫黄島の砂』（一九四九）もそうでしたけど、アメリカ四軍中最強最精鋭の猛者を自負する一方で、しかしベトナムのような長期遠征戦争では現地の民心にとけこもうとする工夫をきちんとやろうとしたわけです。もちろんそれだってひどく傲慢な、「蛮人」どもを「正しく」導くという発想以上のものではないんだけど、しかし当の本人たちにしてみれば陸軍のアホどもが「サーチ・アンド・デストロイ」なんて言葉ばっかりカッコつけるのはちゃんちゃらおかしいぐらいに考えてるわけです。

　と同時に、「索敵・殲滅」というのは、いかにも暴力的な言葉でしょう？　そのことでアメリカ国内の世論が反戦機運にただでさえ走っていますから、それをなんとか和らげようとして「スィープ・アンド・クリアー」、つまり「（地域）掃蕩」戦と呼びかえようとした。で、さっきのセリフだとこの呼びかえを「ＭＡＦ」が通達した、という。このＭＡＦというのはMarine Amphibious Force、うまい訳語がないんだけど「海兵上陸軍部隊」としておきますか、そういう組織です。これも元はといえばMarine Expeditionary Force、つまり「海兵遠征軍」と呼ばれていたんだけど、これだとまるで第一次インドシナ戦争時代のフランス植民地遠征軍と同じように見られてしまう。で、彼らは自分たちが植民地的野心を持っているわけではないということを明らかにしようとしてAmphibiousつまり「水陸両用」の任務を果たす軍だというふうに名前を改めたわけです。

　ベトナム戦争の、というか、アメリカのベトナムにおける戦争行為の本質の一端というのはある意味でこういう、中身は同じなのに名前だけ変えるということの連続だったというところにあるんですよね。実際これ以外にも、たとえば「オペレーション・マッシャー」、つまり「肉挽き器作戦」という作戦名が暴力的すぎるという理由で大統領ジョンソンの命令でわざわざ「ホワイトウイング（白い翼）作戦」に名前を変えさせられた、なんてこともありました。そういう戦争が、つまりベトナム戦争だったわけです。

　ただ、じゃあこういう細々とした歴史的いきさつを現代のアメリカやヨーロッパの観客たちが一つ一つ意識しながら『フルメタル・ジャケット』を観るか、というと、たぶんまちがいなくそうじゃない。キューブリックだって、そういうふうに観客の反応を予想しているわけじゃないだろうと思うんです。MAFなんていったって、今の二十歳ぐらいの観客はおろか、アメリカの映画評論家だって知ってるとは思えないし。

ところが、マイケル・ハーだけは、どうも違うような気がします。もちろん彼だって、こういう非常に奇妙だけど些細な事柄を観客が一〇〇パーセント理解しているとは考えてないはずなんですが、にもかかわらず彼は、こういう細部を抜きにして「俺たちの」ベトナム戦争はなかったんだというふうに——たぶん——考えている。この「たぶん」というのは、ぼくなりの確信があっての上の留保です。実際ハーの「ディスパッチズ」を読むと、この戦争に関わった、それも特派員という「ファーストハンドの目撃者」として関わったことがこの男の人生を丸ごと変えてしまったんだということが、本当に良くわかる。ぼく自身はそのことを積極的に肯定するつもりはありませんけど、ハーにとってはまさにそれ以外の真実はないんですね。で、彼は一度それを『地獄の黙示録』で果たそうとして成さず、それもあって余計に『フルメタル・ジャケット』では気負いこんだんじゃないか。シナリオをつぶさに見ていると、どうもそんなふうに見えます。で、これが、さっき『フルメタル・ジャケット』はキューブリックの映画じゃないんじゃないかと言ったことにつながるんですね。

ただ、だからといって『フルメタル・ジャケット』という完成したフィルムそのものまでがキューブリックのものではないなんていう気は、ぼくにももちろんありません。キューブリックとしては、そういうハーの尋常ならざる(?)打ちこみ方を見て、それを思う存分やらせた上で、最後にすべて自分のものとして押さえこんでいったんだろうと思います。ハーという人は、外見や振舞いはどうであれ、内心はかなり激しやすい暴れ馬みたいな意識を抱えこんだ人物ですから、そういう目を通してベトナム戦争という経験——今は歴史と化されつつある経験の、どこがどの立場の人間にとって月並みに思え、どこが衝撃として受け止められていたのか、を、きっちりと一回確認させておいた上で、そのこと自体をもう一つ大きな歴史のなかで再現し直そうとしている、それがキューブリックなんだろうというふうに思います。ですから今回の『フルメタル・ジャケッ

『フルメタル・ジャケット』

ト』は、ほかのいくつかのキューブリック作品もそうかもしれませんが、一種抽象的な次元、つまり「空想の映画館」のなかでの映画美とか映画的律動といったふうにいわれるものもさることながら、歴史的な固有性、つまり対象とか素材自体がその時代の同時代人の誰にとってどうであったか——という固有性と、それから現代の観客が立ち合っている今という時代の固有性と、その双方をすごく意識した上でつくられているんじゃないか。

まあ、もちろんこれはあくまで映画外的なぼくの感想に過ぎませんから、映画内のことについてはこれから批評家の方たちがいろいろ論を立てられるのを待ったほうがいいだろうと思います。逆に言えば、それだけ多様な「読み」をかき立てるというあたりがキューブリックという「作家」なのかもしれませんけどね。ともかくぼくとしては、さっき言ったような歴史的固有性への目配りにキューブリックが意外と、というかやっぱり、というか近代主義者なんだということが感じられて興味深かったというのを、とりあえず結論としておこうと思います。

（いくい・えいこう／アメリカ研究）

［「ビデオ・デイズ」一九八八年三月号］

■論考再録■

叫びとささやき『フルメタル・ジャケット』をめぐって

斎藤英治

1

「強くなければ生きていけない。やさしくなければ生きる資格がない」

――これは有名な、あまりに有名なフィリップ・マーロウの台詞である。じっさい、あまりにいろんな所で使われてきたので、今さら引用するのが気恥しい言葉だ。

そんな手垢にまみれた言葉をあえてのっけから引用したのは、他でもない、この有名な台詞にこそ、ぼくらの世界を支える二つの倫理が実に端的に述べられていると思うからである。その二つの倫理を、とりあえず、男性的な倫理と女性的な倫理と名づけてみよう。マーロウの言葉の前半は、言うまでもなく男性的な倫理を指す。適者生存の厳しい世界を、手段を選ばずに生きのびてゆく、人間の非情な攻撃性のことである。一方、マーロウの言葉の後半は女性的な倫理を指す。他者（とりわけ弱者）に対する同情と憐れみの感情のことである。

日頃、ぼくらはこの二つの倫理を巧みに使い分けながら社会を生きている、と言える。もちろん、男であるか女であるかによって、あるいは性格の違いによって、偏りがあるのは確かだろう。だが、どちらか一方だけの人間というのは考えられない。フロイトによれば、ぼくらは幼児期にこの二つの性（男性性と女性性）を学習して成長するというし、だいたい、どちらか一方ではとても健全な社会生活を送れないからである。とかく生きにくいこの世では、男性的な倫理だけで生きていたのでは角が立つし、女性的な倫理だけでは流される。人は「強くなければ生きていけない。やさしくなければ生きる資格がない」のである。

ところが、この世にはこの「フィリップ・マーロウの法則」（とぼくはこれを呼んでいる）が通用しない環境が存在する。それが戦場である。戦場にあっては、同情や憐れみといった女性的な感情は抑圧されなければならない。他人の立場を思いやっていたのでは、こっちの命が危くなるからである。そこは男性的な倫理の支配する場所、いわゆる「男らしさ」が賞揚される場所だ。そこでは「フィリップ・マーロウの法則」の前半だけしか倫理として通用しないのである。

言うまでもないことだが、これは特殊な環境である。というのも、そこでぼくらは文明人が持っている二つの性の片方が抑圧を余儀なくされるからである。女性ですら、男性的な倫理に従って行動しなければならない。たとえばフランシス・コッポラの『地獄の黙示録』（一九七九）には、ベトナム人の女性がヘリコプターに手榴弾を投げ入れて爆破する場面があった。あるいはこのキューブリックの『フルメタル・ジャケット』のクライマックスでは、ベトナム側の見えない狙撃手が実はまだ少女と呼べそうないたいけな娘であったことが知らされる。こうした場面を目撃するとき、あなたは何か得体の知れない戦慄を覚えないだろうか（ぼくはぞっとする）。戦争が恐ろしいのは、単にそこで残虐な行為が行われるからではない。それが人の人格を否定するからである。戦争は男はもちろん、女からも「女性的なるもの」を奪ってしまう。戦場では、ある意味で男ももはや男ではなく、女ももはや女ではない。ぼくらはただ戦争という巨大なメカニズムの中で、人格を剥奪されたマシーンと化すのだ。

スタンリー・キューブリックの『フルメタル・ジャケット』は、まさにこの戦争の恐怖のメカニズム――つまり「戦争がいかに人間の人格を殺すか」――を描いた映画である。冒頭、海兵隊に入隊した若者たちが次々に髪をバリカンで刈られるショットがつづくが、これだけを見ても、キューブリックの関心が戦争による「女性的なるもの」の抹殺にあることがわかるだろう（髪は女性の象徴の一つだ）。じっさい、この映画は前半と後半に大きく分かれているが、どちらの部分でも、ともに女性的な男たち――前半の訓練キャンプの場面ではヴィンセント・ドノフリオ演じるドジで間抜けなデブ、後半のベトナムの場面ではマシュー・モディン演じる知的でやさしい「冗談屋（ジョーカー）」――が、戦争に適応するためにいかに人格の改変を余儀なくされたかが描かれているのだ。結局、デブは適応できずに精神的に破綻をきたし、ジョーカーはなんとか適応して生き残ることになる。これは、その過程を残酷なまでに冷徹に描いた心理スリラーなのである。

そういう意味で、『フルメタル・ジャケット』は、これまでにアメリカで作られたどんなベトナム戦争映画とも似ていない。オリバー・ストーンの『プラトーン』（一九八六）やジョン・アーヴィンの『ハンバーガー・ヒル』（一九八七）は、ベトナム戦争の泥沼化した戦闘の実状を、敵の見えない密林やシーシュポスの神話を思わせる丘の勾配を利用して描いたリアリズムの映画だった。テッド・コッチェフの『地獄の七人』（一九八三）とジョン・ミリアスの『若き勇者たち』（一九八四）は、それぞれ架空の設定を使って戦争に勝てなかったアメリカ人の悔しさと悲しみを語り直した哀歌だった。それに対し、『フルメタル・ジャケット』はあくまでベトナム戦争に従軍した男たちの人格の崩壊を描いた恐怖映画なのである。

こう書くと、マイケル・チミノの『ディア・ハンター』（一九七八）があったではないか、という反論があるかもしれない。あの映画でも、クリストファー・ウォーケン演じる女性的な男が、ロシア式ルーレットに象徴される戦場の恐怖に耐えられず、精神的に破綻をきたしていく姿が描かれていたではないか、と。なるほど、そうかもしれない。しかし、マイケル・チミノの描き方はあくまで感傷的だった。それに比べると、キューブリックの描き方は恐ろしく知的だ。彼は見る者の心が寒々としてくるほど冷たい知性の持ち主だ（じっさい、ぼくはコンピューターのハルを除けば、この監督の映画で人間的な温かさをもった人物を見た記憶がない）。そして人間よりもコンピューターの方をより人間的に描いてしまうようなこの監督の知性が、このベトナム戦争映画に、その題材にふさわしい（ちょうど〝ファム・ファタールもの〟を撮る演出家に必要とされるような）残酷な非情さをもたらしている、と思うのだ。

2

『フルメタル・ジャケット』は戦争が人間の「女性的なる

もの」を抹殺してゆく過程を描いた映画だ、とぼくは書いた。そのことを具体的に説明していこう。

たとえばこの映画の前半の訓練キャンプの場面で、冷酷な父性を漂わせた教官の軍曹は、新兵たちをしきりに女性性を示すような蔑称で呼びかける。彼らは「お嬢ちゃん（レイディーズ）」であり「可愛こちゃん（スイートハート）」であり、「うじ虫（マゴット）」であり、「なめ屋（サッカー）」である。つまり、この若者たちはまだ男として認知されていないのだ。このひ弱な男たちを教官は『巨人の星』の星一徹を連想させるようなシゴキによって叩き直してゆくわけだ。ここでは、主人公の若い兵士たちが「女性的なるもの」を失ってゆく過程が、いわゆる「男らしさ」を獲得してゆく過程としても描かれているのだ。

さて、その過程をキューブリックは具体的にどのように映像化しているだろうか?

それはたとえば「微笑の抹殺」としてである。

教官が初対面の新兵たちに向って挨拶を兼ねた訓辞をたれていると、例の間抜けなデブが人の好さというよりは、幼児的な甘えを背後に感じさせるような微笑を浮かべて立っている。教官は彼の前に行くとその気色悪い笑いを顔から消すように命令する。そして彼ができませんと哀願をこめて答えると、教官は彼の首を締める。デブの顔から微笑が消える。教官は文字通り、微笑を抹殺するのだ。

この場面は、その繊細なカット割り演出自体が実にスリリングだが、それはともかく、この場面は、微笑という女性的なるものの抹殺をキューブリックが実に明晰に絵として描いている点で、怖い。キューブリックの冷たい知的な演出は、こういう人格を攻撃するサディスティックな場面で抜群の効果を上げていると言える。

この後、映画は新兵たちが「男らしさ」を獲得してゆく過程を、フロイト心理学の戯画化とでも呼びたくなるようなエピソードを混じえて描いてゆく。そのあたりは必ずしも良くない——彼らが教官を先頭に銃と男根を賞揚しながら行進する場面なんて悪い冗談（バッドジョーク）としか言いようがないし、彼らが銃に女性名を付けて愛撫する場面などもあまりに図式的だ。そしてフロイトが「男らしさ」の獲得の条件として父親殺し（すなわち父と対決して父を象徴的に倒すこと）を指摘したように、この映画で最も抑圧された男による狂った父親殺しが描かれることになる。この映画の前半は、フランシス・コッポラの『地獄の黙示録』が暗示していた戦争における父親殺しというテーマを、わずか小一時間で簡潔に見せてくれるわけだ。

もちろん、これだけのことだったら、この前半部はアカデミー短篇映画賞こそ取れても、ぼくを戦慄させることは決してなかっただろう。なるほどこの部分のキューブリックのサイレント映画を思わせるスリラー演出はほとんど完璧と言ってもいいが、あいにくなことに、ぼくは演出の完璧さにいちいち驚くナイーヴな映画ファンではないのだ。だいたい、この前半の演出の完璧さとは、しょせん、フロイトを戯画化した脚本の単純さゆえに可能となった完璧さに他ならない（簡単なテストだったら誰もが百点を取れるのと同じ要領だ）。まったくの話、この程度の脚本だったら、キューブリックが完璧な演出を見せても少しも不思議ではないのである（だいたい、完璧主義者のキューブリックは何度も撮り直したに決まっているのだから、完璧にならない方がおかしいのだ）。

ぼくが戦慄を覚えたのは、そういう図式化されたフロイト的テーマの演出とは別の部分の演出である。それは音、いやもっと限定すれば人間の声の演出である。ぼくはその声のドラマに、ともすれば胡散臭くなりがちなこのアカデミックな映画のハートを見るのだ。

前半の小一時間、ぼくらの耳に聞こえてくるのはひたすら怒号である。叫び声である。おそらく、爆撃音のひしめく戦場では伝令を大声で伝える必要があるという論理からだろう、教官はみずから怒号でまくしたてるし、新兵の青年もそれに習うよう命じられるのである。ちょっとでも声が小さければ、「アイ・キャント・ヒアー・ユー（もっと大声を出せ）」という怒りの命令が飛んでくる。かくしてぼくらは小一時間というもの、ほとんどひっきりなしに、男たちの叫び声を耳にすることになる。

これはトーキー始まって以来の画期的な事件と言うべきだろうが、それ以上に、何とも不思議な光景である。というのもキューブリックは（おそらくはあえて）新兵たちがもっと普通の声で話していたはずのプライヴェートな場面をほとんど省略しているからだ。彼はまちがいなく、戦争による人格の抹殺の過程を声のドラマとして演出しているのだ。戦争が人間の人格を歪めるとしたら、真っ先に抑圧されるのが人間の声なのだ、と。

日本には雄叫びという言葉もあるくらいで、怒号や叫びといった大声は言うまでもなく男性的な攻撃の倫理の象徴みたいなものである。他者を威嚇するときに必要とされるものが大声だからだ。一方、女性的な倫理を象徴するような種類の声があるとすれば、それはささやきだろう。他者に親身になって共感し、彼らを慰めたり勇気づけたりするとき、それ以上に大きな声は不必要だからである。

『フルメタル・ジャケット』

戦争が「女性的なるもの」を抹殺してゆく過程を描いた『フルメタル・ジャケット』の前半では、だから当然、叫び声ばかりでささやきが聞こえてくる機会がまったくと言っていいほどない。数少ない例外は戦争による人格改変の第一の犠牲者になるあのデブの出ている場面にほとんど限られている。それは、「やさしい男」のジョーカーが銃の手入れの仕方や高所に張られたロープの越え方などを彼に伝授する同情と共感のこもった場面である。彼らが小声でお互いに話しかけるとき、この映画には珍しく穏やかな空気が漂うことになる。彼らにとってはあのささやきこそが自然な発話形態なのだ。ただしそのつかのまの穏やかさも、デブが仲間たちから苛められる場面を契機にして失われてしまう。以後、彼のささやきは狂人の不気味な独り言へと変わり、あの前半のクライマックスへとなだれこむことになるわけだ。

ところであの集団苛めの残酷な場面で、リーダー格の男が悲鳴がもれないようにデブの口をタオルで塞いでいたことを思いだしてほしい（ついでに彼の泣き声を聞くまいとジョーカーが耳を塞いだことも）。この映画の前半は、最初は教官の命令によって、次には仲間たちの暴力によって自然な発話を禁じられた男が、人格の破壊を体験する姿を描いた映画なのだ。デブが狂ってゆくのは、何よりもまず彼が自然な声を抹殺されたからなのだ。教官が彼の首を絞めたとき、彼が奪ったのは微笑だけではない。声でもあったのである。もちろん、そこで奪われたのは女性的な声なのだ。

3

この前半の声のドラマは、一度映画の表面から姿を消すが、『フルメタル・ジャケット』全体のクライマックスの場面で鮮かに浮上してくることになる。それまでの後半では「スターズ&ストライプス」の従軍記者としてベトナムにやって来たジョーカーの姿が描かれるが、正直なところ、あまり面白くない。グスタフ・ハスフォードの原作では、デブを苛める行為に加わった記憶がジョーカーにつきまとい、それが彼のベトナムでの行動と常に結びつくことになるのだが、映画の方ではマシュー・モディンのジョーカーが罪のない皮肉屋の顔で現れるため、前後のつながりのようなものが感じられないのである（ひょっとしてキューブリックはつなぎの部分をカットしてしまったのではないか）。じっさい、二本の別な映画を見ている印象さえするほどだ。またジャーナリスティックな場面やジョーカーがユングについて解説する場面も、相変らず馬鹿正直なまでに知的だ。

　しかし、ジョーカーが、前線で初めて戦闘に加わり、銃弾を浴びて倒れたベトナム娘の狙撃手の瀕死の体の前に立ったとき、声のドラマが再び観客のもとに戻ってくる。そこでは、ベトナム語で祈りを唱える娘の顔のクロース・アップと、それを囲んで見守る兵士たちのクロース・アップが交互にモンタージュされてゆくだけなのだが、異様なまでに感動的だ。といっても、別にいたいけな娘が死のうとしているというメロドラマが今さら胸を打つわけではない。彼女の顔が、『散り行く花』（一九一九）のラストのリリアン・ギッシュの顔を連想させるからでも……多分ない。

　ではいったいなぜ感動的なのか？

　それはやはり声である。今にも消え入りそうな彼女の祈りの声が、久しぶりの人間のささやきとしてぼくらの耳に飛び込んでくるからだ。映画の中でずっと抑圧されてきた女性的な声が、このラストで溢れるように画面から流れてくるからだ。戦場に流れるささやき、これほど美しくも痛ましいものはない。このベトナム娘のささやきは、キューブリックの映画では、『2001年宇宙の旅』でコンピューターのハルが死んでゆくときの静かな歌声以来、ぼくが久しぶりに聞いた人間的な声だ。そしてぼくがここ数年見たあらゆる映画の中で最も美しい声の一つでもある。

　ジョーカーはこの場面で（ちょうどデブの泣き声に対して耳を塞いだときのように）、娘を殺すことでこの声を抹殺することになる。これを「廃馬は撃たねばならない」式の慈愛の行為と解釈する人もいるかもしれないが、ぼくにはとてもそうは思えない。彼は自分の中の女性的な声を銃弾によって殺したのである。これは彼が男性的倫理の支配する戦場に適応するための自己防衛の行為、生きのびるための身振りなのだ。この行為を通して初めて彼は「もう怖くはない」と最後に呟くことができるのである。

　『フルメタル・ジャケット』は、主題的には、図式的なフロイト心理学とジャーナリスティックな手法で組み立てられたかなり凡庸な物語である。女々しい男が戦争に行くことによって「男らしさ」を獲得していくという話には、どこか、今どきの情ない若者を見た年輩者が「軍隊にでも入れて鍛え直せばいいのに」と言うときの口振りに近いものがある。またその「男らしさ」についての認識はほとんど村上龍のような作家が展開している男性論のように単細胞的である。キューブリックもひょっとしたら、この「男らしさ」の物語を信じてしまっているのだろうか。ぼくにはわからない。ぼくには、ラストでミッキー・マウス・クラブの主題歌を合唱しながら行軍する男たちを、キューブリックがついに真の父性を獲得した男たちとして共感をこめて描いているのか、それとも「(戦争に対する) 男たちの異常な愛情」とでも題すべき風刺映画のアイロニカルなラストとして撮っているのか、(三度見た今でも) 皆目見当がつかないからだ。

しかし、そのことはとりあえずどうでもいい。キューブリックはそのサディスティックなまでに非情な演出によって、物語とは別の次元で、叫びの中に今にも消え入りそうな美しいささやきを捉えて見せたと思うからだ。ぼくはそのことを断然評価する。そのことに恥し気もなく取り乱す。ぼくはあのベトナム娘の顔と声を、『散り行く花』のラストのリリアン・ギッシュの顔のように一生忘れられないだろう。

それにしても、この映画を見ているとフランシス・コッポラの『友よ、風に抱かれて』(一九八七) をどうしても思いだしてしまう。あのコッポラ映画も軍隊における父=息子関係を描いていたが、そこに描かれていた父親的人物像はキューブリックの描くあの教官とはまったく違っていたからである。『友よ、風に抱かれて』でジェイムス・カーンとジェイムス・アール・ジョーンズが演じた父親は、外見こそなるほどタフだったが、同時に女性的な抱擁力とユーモアを解する余裕を感じさせた。あれは一九七〇年代の中盤以降、意識的にアメリカ映画界の父親的存在でありつづけようとしてきた (そのために演出家としての才能をすり減らしてしまった) コッポラの自己像だったのではないかと思う。じっさい、あの二人の父親たちの姿は真の父性を感じさせて、映画の出来はともかく、感動的だったものだ。

それに対し、キューブリックの描く父親像は (『シャイニング』もそうだったけれど) どこか歪んでいる。彼らは息子たちに対してどこまでも残酷だ。どんなに出来の悪い息子に対してもあくまで完璧さを要求せずにはいられない。そしてその父親像は、ぼくに完璧主義者キューブリックの姿を連想させずにはおかない。ひょっとしたら、彼もあのように残酷な人物なのだろうか。だが、だとしても一向にかまわない。『フルメタル・ジャケット』は、キューブリックのその冷たい知性によってベトナム戦争が人格に及ぼした残酷な影響を寒々とするほど確実に伝えているからである。

(さいとう・えいじ／映画評論家)
[「リュミエール」十一号、一九八八年]

『フルメタル・ジャケット』

Words About Kubrick

キューブリックを語る

ポール・マザースキー

（映画監督、『恐怖と欲望』出演）

彼はボヘミアンでもなければアヴァンギャルドでもない。高い教育は受けてなかったが、頭が良く、チェスがうまかった。何にでもとことん打ち込む性格で、自分の進む方向をはっきりと見据えていた。

[ドキュメンタリー『スタンリー・キューブリック:ライフ・イン・ピクチャーズ』]

ジェームズ・B・ハリス

（プロデューサー）

全てを彼から学んだ。私はハリウッド映画しか知らなかった。彼を通じて、オフュルス、ブニュエル、ルノワール、キャロル・リードの『邪魔者は殺せ』などに出会った。彼は私よりもずっと映画狂で、次から次へと映画を観ている。

[ミシェル・シマン『KUBRICK』内山一樹監訳、白夜書房]

『博士の異常な愛情』撮影現場にて

クリスティアーヌ・キューブリック

（画家・女優、キューブリックの妻）

彼はチェスを戦争に、映画をチェスにたとえるのが好きで、すべてを〝戦い〟と見ていたわ。

[ドキュメンタリー『スタンリー・キューブリック:ライフ・イン・ピクチャーズ』]

『現金に体を張れ』

ウディ・アレン

(映画監督・俳優)

オーソン・ウェルズとスタンリーこそ、私は本当の意味でのアーティストだと思う。私は迷うことなくスタンリーを映画史上最高の監督にあげる。

[ドキュメンタリー『スタンリー・キューブリック:ライフ・イン・ピクチャーズ』]

マーティン・スコセッシ

(映画監督)

彼の一本の作品は、他の監督の十本に匹敵する。(中略)彼は量産できる監督ではない。その代わり、一本一本が独特で、何度観ても新たな発見がある。

[ドキュメンタリー『スタンリー・キューブリック:ライフ・イン・ピクチャーズ』]

テリー・ギリアム

(映画監督)

本当に心を奪われた初めての映画は『突撃』だった。十六歳のときにパノラマ・シティの土曜のマチネーで見たんだ。(中略)突然、『突撃』とともに、テーマとアイデアを持った、何かについての、不正についての映画というものが現れた。そしてそこでは、最後に善人が勝つわけじゃない。この作品は完全に僕を変えてしまって、僕は知り合い全員にこの映画を見せようと躍起になったよ。

[イアン・クリスティ編『映画作家が自身を語る　テリー・ギリアム』廣木明子訳、フィルムアート社]

『突撃』

カーク・ダグラス
（俳優）

素晴らしい才能と、性格の良さは関係ない。クソッタレが素晴らしい才能を持つこともあれば、その反対に、本当にイイ奴で微塵の才能もない者もいる。スタンリー・キューブリックは、才能あるクソッタレだ。

［『カーク・ダグラス自伝　くず屋の息子』金丸美南子訳、早川書房］

『スパルタカス』撮影現場にて。カーク・ダグラスと

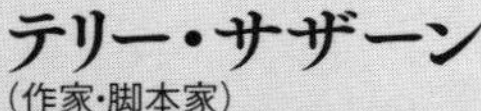

テリー・サザーン
（作家・脚本家）

スタンリーは〝作家症候群〟に取り憑かれていて——つまり彼の映画はスタンリー・キューブリック作品であって——それ以外の、いかなるクレジットも拒否するんだ。

［デイヴィッド・ヒューズ『キューブリック全書』内山一樹・江口浩・荒尾信子訳、フィルムアート社］

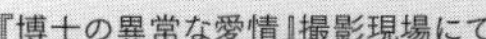

『博士の異常な愛情』撮影現場にて

パブロ・フェロ
（『博士の異常な愛情』タイトル・デザイン）

スタンリーに聞かれた。「人間についてどう思う?」。「人間は創造するものすべてが性的だ」と答えた。そこでB52の給油を思いついた。（中略）それに〝トライ・ア・リトル・テンダネス〟の旋律をつけたら完璧な出来だったが、クレジットを入れたら文字か映像か視点が定まらなくなってしまった。そこで私が別のアイデアを提案した。「文字を大きくしたらどうだろう?」と。両方を見るには画面を埋めた方がいい。誰かに手伝ってもらって文字を清書したいと言うと、「君の手書きがいい」と。

［『博士の異常な愛情』メイキング・ドキュメンタリー］

大友克洋
（漫画家）

キューブリックの若い時からある眼の下の隈が好きです。それと映画製作の金を自分で集めてくる。そうでなくちゃだめですね。

［「スターログ」一九八〇年一二月号］

手塚治虫
（漫画家）

ぼくはキューブリックにどうしても会いたくて、ニューヨークに何回か行ったんだけれど、いつでもいなかったですね。いなかったのは当然で、撮影であちらこちら飛びまわっていたのでしょうね。（中略）（『2001年宇宙の旅』の）デザインをみて、かなわないと思った。あそこでひとつの美術デザインの革命じゃあないですか。（中略）革命ですよ、あれは。学術的にもそうだし、セットや、とくにメカのデザインは。

［「映画宝庫」一九七八年春号］

アーサー・C・クラーク
（作家）

彼が作りたかったのは、この宇宙におけるヒトの位置を描いた映画で——そのたぐいのものは、映画史上かつて存在したことがないどころか、一度も試みられたことはない。もちろん〝宇宙〟映画はごまんとあるが、クズ同然のものがほとんど。何作か上手にきちんと作られているものも、内容はどちらかといえば単純、宇宙飛行を子供っぽい冒険ものとして描くのに熱心で、その社会的・哲学的・宗教的な意味まではカバーしきれていない。スタンリーはこのことを充分わきまえており、固い決意のもとに、驚異と畏敬と（筋立てしだいでは）恐怖までもかきたてる芸術作品を創りだそうとしていた。

［『失われた宇宙の旅2001』伊藤典夫訳、早川書房］

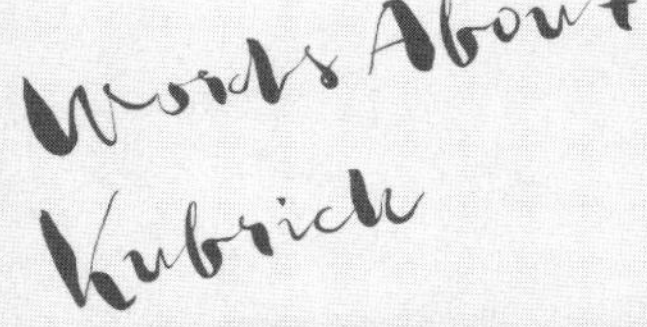

『2001年宇宙の旅』

『時計じかけのオレンジ』

マルコム・マクダウェル

（俳優）

彼は作品に完全に没頭していた。教師でありサディストだった。撮影がうまくいった時は、真の人間関係が生まれたように思えた。そうでない時は、彼が感情のない宇宙人のように見えたよ。（中略）

キューブリックの問題は、彼が映画という巨大な共同作業のメディアを仕事の場とした偏執狂だったことだと思う。映画製作の場では、一個人の力なんて鎖の輪の一番弱い環ほどのものに過ぎない。あまりにも多くの他人に依存しているわけだから。だから彼はすべてを自分の手でやりたがり、その結果ひとつの作品を完成させるのに長い月日がかかってしまうんだ。

最後の教訓。結局それは人間性の問題だということ。完璧な人物になりたいなら、偏執狂になってはいけない。

［「オブザーバー」一九九九年三月一四日号（「イメージフォーラム」一九九九年秋号）］

ウェンディ・カーロス

（作曲家）

わたしはスタンリーをこよなく愛し、彼との交流を楽しんだ。けれども彼はまた、時としてわたしに地団駄を踏ませた。何か小さなことで真っ向から対立し感情的になるのだ。ほんの前日までは同じものの見方をしていたというのに。陰と陽。たぶん彼は、わたしの才能が彼に献身的に捧げられるのを当然のことのように思っていたのかもしれない。

［wendycarlos.com（「イメージフォーラム」一九九九年秋号）］

ジョン・オルコット

（撮影監督）

彼の内面からくるエネルギーは私達に時間の経つことすら忘れさせてしまう。彼と撮影をしていると、いつのまにか夜の8時になっている。仕事に全力を傾けているから、彼は外部の人と会う時間がほとんどないのだ。しかし、誰かに会うときには、彼は非常に率直で、話に集中し、よく話すだろう。彼は訪問者との話に専念する。しかし、できるだけ早く、自分の仕事に戻る。彼と仕事をすることは、全く給料をもらって学校へ通っているようなものだ。

［ミシェル・シマン『KUBRICK』内山一樹監訳、白夜書房］

ピーター・ボグダノヴィッチ
(映画監督)

私はキューブリックを知っていたとは言えない。しかし七〇年代初めに二、三回、電話で短時間、話したことがある。『バリー・リンドン』の撮影準備をしていた彼が、突然電話をしてきたのだ。その声は非常に若々しく、抑えられてはいるがはっきりとしたブロンクス訛りがあり、人の警戒心をなくさせるような口数の少なさと控えめさがあった。私はライアン・オニールをどう思うかと聞かれた。彼を私は『おかしなおかしな大追跡』で演出していた。キューブリックの娘たちはこの映画のファンで、『バリー・リンドン』にオニールを出演させようと父親に圧力をかけていたのだ。その僅かな会話でも、キューブリックのこだわり——映画と家族——が、対になってあった。

それは最後までそのままだった。

[デイヴィッド・ヒューズ『キューブリック全書』内山一樹・江口浩・荒尾信子訳、フィルムアート社]

『バリー・リンドン』

ドナルド・リチー
(映画評論家)

彼は、われわれ自身のために、あえてわれわれを感情的に巻き込もうと思わない。まったく逆なのだ。(中略)キューブリックの演出方法が固執する空間の暴露は、われわれの感情、われわれの感動を期待に反するものとするが、しかし同時に、われわれの知的な好奇心、われわれの理解の気持ちを目覚めさせる。この空間の暴露は、キューブリックの意図を保証する方法のなかに、はっきり表現されている。

[『映画のどこをどう読むか』三木宮彦・司馬叡三訳、徳間書店]

Words About Kubrick

ジャック・ニコルソン
(俳優)

(『シャイニング』について)どんな映画かと聞いたら彼は「楽天的な映画だ」と。「どういう意味か」と尋ねたら彼はこう言った。いかにもプラグマティックな人物にふさわしく、「この映画には幽霊が登場する。死後の世界を描くものはすべて楽天的だ」と。

[ドキュメンタリー『スタンリー・キューブリック:ライフ・イン・ピクチャーズ』]

『シャイニング』

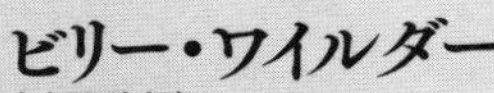

ビリー・ワイルダー
(映画監督)

『シャイニング』は、これみよがしなところのない、優れた映画だ……あの迷路園もあるし。キューブリックのものはどれも感心させられる。すばらしい監督だと思う。(中略)あれだけ高いレベルの映画を作り続けたという事実がまず賞賛に値する。何を作ろうと彼は新局面を切り開く。

[キャメロン・クロウ『ワイルダーならどうする?』宮本高晴訳、キネマ旬報社]

『フルメタル・ジャケット』

マイケル・ハー
(作家、『フルメタル・ジャケット』脚本)

戦争映画を撮りたいと聞き、『突撃』を撮ったじゃないかと言ったんだ。彼は「あれは反戦映画として見られてる。今度は道義的立場や政治的立場から離れて、戦争そのものを撮りたい」と。(中略)戦争とは、ある意味で非常に美しいものだということを彼はよく分かっていた。

[ドキュメンタリー『スタンリー・キューブリック:ライフ・イン・ピクチャーズ』]

Words About Kubrick

『アイズ ワイド シャット』

スティーヴン・スピルバーグ
（映画監督）

優しきテディ・ベア、それが彼だ。あまりマスコミの相手をしなかったので世捨人のように思われていたが、それは大きな間違いだ。じっさい彼は他の誰よりもコミュニケーションに熱心だった。彼と電話で話す時は、決まって何時間もの長電話になってしまった。世界中の何百という人間と常時連絡を取っていたはずだ。受話器を取りダイヤルをまわし、まったく面識のない人間に向かって、彼らの作品にどれだけ感動したかを伝えるのがキューブリックだった。

[「オブザーバー」一九九九年三月一四日号(「イメージフォーラム」一九九九年秋号)]

トム・クルーズ
（俳優）

現代はあまりにも情報過多で何事にも発見がなくなってしまった。スタンリーの求めたのは発見の精神なんだ。映画が映画だけで成り立つことを求めたんだ。

[「オブザーバー」一九九九年三月一四日号(「イメージフォーラム」一九九九年秋号)]

ニコール・キッドマン
（俳優）

彼とトムは役柄についてとても緊密に話し合いながら作業していったけど、私には彼は「アドリブをやっていいよ」なんて言うの。彼は即興が好きだった——そしてそれを書き留めたりするの。『ロリータ』でピーター・セラーズと仕事をした時、彼は二台のキャメラを回したりしたらしいんだけど、その理由は彼が言うには、そうすれば結局二回やるのと同じになるし、キャメラをより意識するからなの。彼は私にも、そんなふうだったわ。「さあ、やってみて」なんて言って。

[「ローリング・ストーン」一九九九年七月八日〜二二日号(デイヴィッド・ヒューズ『キューブリック全書』内山一樹・江口浩・荒尾信子訳、フィルムアート社)]

■論考再録■

映画の夢が終わる

若島正

スタンリー・キューブリックの遺作になった『アイズ ワイド シャット』は、まさしく夢のような映画だ。

もちろん、この映画は夢そのものではない。わたしたちは夢を見るとき目を閉じている。しかし、この映画を見るときに、わたしたちは目を大きく見開いているはずだ。中には、キューブリックの画面の隅から隅までに目を配り、どのような細部も見逃すまいと身がまえている人もいるはずだ。そうして目を大きく見開いていても、わたしたちはまるで夢を見ているような気分になる。目を見開いたままで見る夢というのはあるのだろうか。とにかく、わたしはこの二時間半以上に及ぶ長尺物の映画を、それこそ魅入られたように見てしまった。二時間半という時間が、長いようにはまったく感じられなかった。それは途切れのない夢を延々と見続けているように思えても、実はわずかの時間しか経っていないときの感覚に似ている。キューブリックの映画は最初期の作品数作を除いてすべて見ているが、これと同質の体験をしたのは、おそらく『バリー・リンドン』以来だった。

『アイズ ワイド シャット』

キューブリックはこの映画の中で、夢と現実との境界を曖昧にしようとしているのではない。トム・クルーズが演じる医師のビルは、秘められた性的願望が叶えられそうな体験をする。たしかにそれはまるで夢のような体験であり、願望が充足される一歩手前で終わるところも夢に似ているが、それでも彼にとって（そして、この『アイズ ワイド シャット』という映画の中の世界では）あくまでも現実の体験なのである。だが、その現実であるはずの体験が、ひとたびスクリーンの上に定着されると、それは夢の様相を強く帯びてくる。ニコール・キッドマンが演じる妻のアリスにしても、彼女が一度出会った青年将校に対して抱く性的願望は、ひとまず彼女が率直に告白する言葉として語られてから、白黒映画の一場面として、ビルの脳内のスクリーンに映写される。『アイズ ワイド シャット』という夢の中の夢、あるいは『アイズ ワイド シャット』という映画の中の映画、という構造だ。

『アイズ ワイド シャット』というキューブリック自身が付けたオクシロモン的な題名は、キューブリックの作品とその題名がしばしばそうであるように、さまざまに解釈される多義性を秘めているが、すでに述べた「目を大きく見開いて見る夢」という意味の他に、「目を大きく見開いていていても閉じているのと同然」という含みも感じられる。見ているはずなのに実は見ていないこと。すべてを見ることができないこと。そのテーマは、パーティーに出かけようとしてアリスが「髪はこれでいいかしら?」とたずね、ビルが「すてきだよ」と答えると、アリスが「見てもいないくせに」と返す冒頭から提示され、さらには、乱交パーティーを催す秘密組織の実態がおぼろげにしかつかめないというプロットのレベルでも反復され、そして決定的には、お互いの本当の姿を知らないという夫婦間の真理にまで及んでいる(そもそも、キューブリックが夫婦関係という題材に興味を持ち、ウディ・アレンの『夫たち、妻たち』(一九九二)を賞賛していたのは、そのあたりに理由を認めることができるだろう)。ただ、わたしにはもう一つ、「この映画をよく見てくれ、本当にすべてが見えているか?」というキューブリックからの問いかけであり、謎かけのようにも読めるのだ。そう思うと落ちつかなくなって、この『アイズ ワイド シャット』を、そしてキューブリックの全作品を、もう一度見直したくなる。

この映画の印象的な幕切れで、アリスは現実であれただの幻覚であれ、冒険を生き延びたことに感謝すべきだとビルに言い、さらに、「大切なのは、もう目がさめたということよ」と言う。映画という夢から観客を現実に送り返す言葉として効果的だが、それではこの夫婦はすっかり一時の夢を払拭したのかというと、そうとも言い切れない曖昧さが残っている。なぜならアリスは、できるだけすぐに、どうしてもやらなくてはいけない大切なことがあると言い、「ファックよ」と最後の言葉を口にするのだが、ファックこそは、夫婦が最も親密にお互いをわかりあえるという、幻想と幻想が出会う場であるからだ。よくわからないからこそまた見たくなる、キューブリックの映画もそういう場なのかもしれない。

アルトゥール・シュニッツラーの原作『夢小説』は、キューブリックが映画化を三十年近くも夢見ていたものだった。その夢を映画という別の夢の中に実現させた後に、キューブリックはつねにキャメラの中をのぞきこんで大きく見開いていた目をようやく閉じた。その目の中に、新しい映画の夢が映っていたことは、想像に難くない。

(わかしま・ただし/英文学者・翻訳家)

[「キネマ旬報」二〇一五年三月上旬号]

『アイズ ワイド シャット』撮影現場にて。トム・クルーズと

■論考再録■

アイズ ワイド シャット

伊藤計劃

あなたが遺作としたこの作品が奇しくも、これまでのディスコミュニケーションものから遠く離れた、ささやかな希望と愛情に彩られた物語であるとは。その人生の退場の演出としてはいささかメロドラマ過ぎじゃありませんか、スタンリー。もちろん構わないのです。音楽家が「最後に残るのはメロディーだ」とよく口にするように、あなたはこの物語を遺したのでしょう。いかなる人生にも、希望は残されていなければなりません。だから、ぼくはこの物語が大好きです。

二つの夜を彷徨（さまよ）う、壮大ながらも小さくささやかな、冥界巡りの物語。

アイズ ワイド シャット。

主演は御存じ、トム・クルーズ&ニコール・キッドマン夫妻。私は特別彼らのファンというわけではないのですが、東京国際フォーラム会場に現れた二人は、やはりというか流石というか、スターに相応しいカリスマを放っていました。ニコールはむっちゃくちゃ背が高かったぞー。彼女と組む俳優って大変そうだなー。『デッド・カーム（誰も知らんか）』のサム・ニールも背ぇ低そうだしね。

その他に、キューブリックの再撮に合流できず降板となったハーヴェイ・カイテルの代わりに、映画監督としてお馴染みのシドニー・ポラックが出演。この人の演技、かなり様になってます。あんなにクドイ、脂っこいオヤジとは夢にも思いませんでしたが（笑）。

監督は当然、三月に惜しまれつつ急逝したスタンリー・キューブリック。原作はアルトゥール・シュニッツラーの『夢がたり』（ハヤカワ文庫NV）。この作家、鷗外の翻訳で

『アイズ ワイド シャット』

知っている人もいるかもしれませんね。

ニューヨークで医師として裕福な生活をおくるビル・ハーフォードは、ある晩、軽いドラッグで酩酊状態にある妻のアリスから、ある告白を聞かされた。以前、家族で出かけたバカンスで、たまたま視線を合わせただけの男に心惹かれ、夫とともに過ごしながら、その男性に抱かれている自分を考えていたという物語。実際に妻が不義を犯した訳でもなく、それは夫婦なら誰もが一度は妄想したことのある無害なファンタジーに過ぎない。しかしビルは、その後も妻の物語が頭から離れず、担当していた患者の臨終の場面にあっても、妻がその見知らぬ男に抱かれて激しく悶える妄想の情景が頭から離れない。

その患者の亡骸が横たわるベッドの傍らで、ビルはその死者の娘から愛の告白を受ける。婚約者がある身の彼女から受けた突然の告白に狼狽するビル。君は父の死で動転しているだけだ、とビルは彼女をなだめるが、妻に対する嫉妬と、彼女からの告白によって、ビルは自分の中に思ってもみなかった欲望が湧き上がってくるのを感じた。

ビルは、興奮状態で夜の街を彷徨い歩く。娼婦に誘われるまま彼女のアパートメントに入って、結局何もせずに出てきたり、不良グループとぶつかったり……そうしているうちにふらりとたどり着いたバーで、たまたま再会した旧友から、ビルは奇妙な秘密パーティの噂を聴く。出席者全員が仮面とマントをまとい、そこに入るには入口でパスワードを言わねばならない。

きな臭さに興味津々のビルは、これからそこでピアノの演奏をするという彼からパスワードを聞き出し、貸し衣裳屋でマントと仮面をレンタルすると、早速そのパーティが開かれる屋敷に向かう。郊外にある厳重な警戒の豪奢（ごうしゃ）な屋敷。そこでビルが仮面の中から見たものは、仮面をつけた美しい肢体の、何十人という全裸の女たちだった……。

夜を彷徨う。この、たった二晩の物語は、夜を彷徨う間に主人公が出会った、性的で奇妙な体験の物語です。それはまさに冥界巡り。けれど、その強烈で非現実的な体験は朝になれば夢のように消えてしまう。終電がなくなって帰れなくなり、夜の街をあてもなく彷徨って時間をつぶしたり、飲み歩いた経験のある人になら、この「夜を彷徨う」奇妙な非現実感、「けだるい高揚感」とでもいうしかないあの感覚を分かっていただけると思います。

主人公が体験するのは、夢というには余りにも強烈な体験。妻から聞かされた物語への嫉妬が火種であるかのように、それらの事件は性的なものばかりです（ちなみに、この映画はクローネンバーグ『クラッシュ』以来の、一般劇場で公開される十八禁作品です）。けれど、朝を迎えればそれらは「本当の夢であったかのごとく」霞のように消えてなくなり、自分の足跡をたどってみても、あの強烈な体験の痕跡はどこにも残っていない。夜に出会った生者は昼には死者となり、夢の国への門は堅く閉ざされている。男たちに性的なファンタジーを与えた夜の歓楽街が、朝靄（あさもや）の中シャッターを下ろすように。

だから、試写会では終わった後に「だからなんなの？」という人がいました。これはツボを外した不運な人には無理のない反応でしょう。この映画では、主人公の出会った数々の体験に「オチ」はつきません。秘密パーティの実体も、消えた人物がどうなったのかも。なぜなら、終わってしまえば、すべては夢。夜の出来事は、たとえその時間を現（うつつ）として生きた者でも、朝を迎えれば彼岸の出来事、「だからなんだったんだろう」という夢と等価の出来事なのですから。

あの、夜が「明けた」感覚。すべてが夢の向こう側へ撤退してゆく、奇妙な高揚感。あの感覚の美しさを共有できるかどうかが、この映画を楽しめるかどうかの境界線であると、私は思います。人間のいる部屋はあからさまな暖色、それ以外の空間は闇というには余りに綺麗すぎる青、という照明が、あの「朝へと向かう深い夜」の空気を醸し出し、夜という時間の幻想性を美しくフィルムに焼きつけていきます（ちなみに、鋭いキューブリック・ファンなら「照明」という言葉に「ちょっと待てよ」と疑問を抱かれるかもしれません。キューブリックは『バリー・リンドン』でF値0・7という驚異的な明るさのレンズを手に入れて以来、照明不要の自然光主義で通してきているからです。しかし、この『EWS』はどうも自然光のみではないような気がします。あまりに同一画面内に色調の異なる空間がありすぎるからです）。

だから、主人公が体験した数々の奇妙な出来事と、妻が「体験した」妄想や夢は等価の事物。夫は現実の、妻は夢の（そしてそのふたつは等価である）冒険を「切り抜けて」、二人は夫婦としての愛情を確認する。軍隊という「システム」が人間をマシーンに変えてゆく『フルメタル・ジャケット』、ディスコミュニケーションの滑稽が世界を核戦争に導く『博士の異常な愛情』などなど、キューブリックはディスコミュニケーション、人間関係への冷めた視線をフィルムに焼きつけてきた作家でした。

しかし、巨匠がその最期の作品で描いたもの、それはまぎれもなくヒトとヒトとの関係の修復、「まあなんとかやっていけるよ」というささやかな、温かい希望に満ちたものがたりでした。それが一風変わった、奇妙にねじれたものであれ。

だから、メロドラマ主義者のぼくは、そのことに涙します。この作品をキューブリックが「遺した」ことに。キューブリックはやっぱりキューブリックだったんだけど、この作品はチラシに書かれているような「悪だくみ」でもなんでもない。ちょっとした冒険、ちょっとした夢、ちょっとした愛情。

死の前に夢の物語を遺すとは、どこまでも「イキな」映画人だと思います。

当日、会場で目撃した有名人：

私：デーブ・スペクター（笑）、市川森一とニアミス

友人：デーブ・スペクター、市川森一、大林宣彦、ピーター・フランクル

（いとう・けいかく／作家）

[『Running pictures 伊藤計劃 映画時評集1』早川書房、二〇一三年]

対談

添野知生×柳下毅一郎

意識と無意識

フロイト主義者としてのキューブリック

構成＝佐野亨

キューブリックとオカルト

添野　表立って言われることは少ないけれど、僕はキューブリックの映画にはある種のオカルト的な要素がほぼ毎回のように含まれていると思うんです。柳下さんはその点についてはどう思います？

柳下　どうなんだろう。でも、キューブリックほど即物的な人間はいないわけじゃないですか？

添野　たしかに、表向きは「宗教は信じない」とはっきり言っているしね。でも、本人の意思とは関係なく映画ににじみ出ているものがあるんじゃないかと思うんですよ。遺作の『アイズ ワイド シャット』に及んでは、ついに秘密結社についての映画を撮ったわけだし。

柳下　そうだね。ただ、キューブリックはアルトゥール・シュニッツラー自体は昔から好きだったわけで、最後にいきなりあれを映画化しようとしたわけではない。キューブリックは非常に周到な人だから、つねにいくつかの企画を抱え込んでいて、次はなにをやろうかということをすごく意識的に練っていく。たとえば『２００１年宇宙の旅』にしても、「ちゃんとしたSFをつくる」ということを何年も考えつづけていたわけでしょう。シュニッツラーもそうやって抱えていたものの一つだった。そこで重要になるのがフロイトなんですよ。シュニッツラーはフロイトの同時代人で、フロイトが大いに評価したことでも有名ですけれど、実はキューブリックもフロイト主義者なんですよ。

添野　そうなんだ。

柳下　添野くんが言う、無意識の表出という部分はまさにフロイト的だよね。

なぜニューヨークなのか

添野　『アイズ ワイド シャット』については、なぜなんだろうと考え始めると不思議なことがいっぱいある。たとえば、原作はシュニッツラーが生きた十九世紀のウィーンを舞台にしているけれど、なぜそれを現代に置き換えたのか。

柳下　結局ロンドンにセットを組んで撮っているわけだからね。

添野　そうそう。さらに、それを現代のニューヨークの話にした理由はなんなのか。単に現代の話に置き換えるだけならロンドンが舞台でもよかったはずでしょう。共同脚本のフレデリック・ラファエルが『EYES WIDE OPEN スタンリー・キューブリックと「アイズ ワイド シャット」』（鈴木玲子訳、徳間書店）という本のなかで書いているところによると、彼が話を受けた段階ではもうニューヨークが舞台として設定されていて、キューブリックもそれについては一切自分の気持ちを明かしてくれなかったらしいんだ。

柳下　自分でもわからなかったのかもしれない。

添野　そうなんだけれど、偶然とはいえ、『アイズ ワイド シャット』がキューブリックの最後の作品になったということを考えると、いったん捨てた生まれ故郷のニューヨークという街をあえてここで舞台に選んでいることに、なにか考えがあったのかなと思ってしまうんですよ。

柳下　キューブリックがニューヨークからイギリスに移ったのは三十歳を過ぎた頃だよね。ちょうど『ロリータ』のあたりかな。

添野　そう。一九六〇年代のはじめにイギリスに家を買って、最初はアメリカと行ったり来たりしていたんだけれど、『2001年』のプレミア上映後は渡英したきり戻らなくなるんです。あのニューヨークでのプレミアのときに、ひどいやり方で叩かれたことが大きな理由だったのかもしれない。彼が実際にニューヨークでロケして撮ったニューヨークの映画というと、『非情の罠』だけなんだよね。それから、ユダヤ系としての自身のバックグラウンドを映画のなかには絶対出さないでしょう。非常にそこに警戒心をもっている。そういうふうに観ている側が映画からいろんな意識あるいは無意識を読み取ってしまうんです。

柳下　語られないことでこちらがいろんなことを読み取ってしまう、というのがキューブリックをめぐる言説の最も特徴的なところかもしれない。たとえば、さっきの「なぜニューヨークなのか」という話をシンプルに考えていくと、キューブリックは六〇年代のはじめに二番目の妻（註＝ルース・ソボトゥカ。ナチスドイツによる迫害を逃れてニューヨークへ渡ったユダヤ人。『非情の罠』に出演、『現金に体を張れ』では美術を手がけた）と離婚しているんですよ。その妻との離婚協議中には三番目の妻（クリスティアーヌ・キューブリック。スザンヌ・クリスチャンの名前で『突撃』に出演）との交際が始まっていて、彼女はドイツ人なんだよね。その彼女と結婚してキューブリックはロンドンへ渡る、と。つまり、キューブリックにとっては青春の思い出とニューヨークという街の記憶がセットになっていて、それが『アイズ ワイド シャット』という倦怠期の夫婦の話を撮る際に表出したんじゃないか。これがまあ普通の解釈だよね。ただ、それはこちらが腑に落ちるように解釈しているだけであって、実際にはなにも語られていないし、その語られていないという事実、つまり意識と無意識のあいだを揺れ動くところにキューブリックの映画を観る面白さがあるんだと思う。

映画を「読む」ことの落とし穴

柳下　ただ、なかには、キューブリックはすべてコントロールしているはずだ、彼の映画に偶然なんてないんだ、と頑なに考えている人がいて、そういう人たちが変な方向に映画を読み解いてしまうこともあるよね。『ROOM237』（二〇一二）という、『シャイニング』の謎を深読みしていくドキュメンタリーがあるけれど、あれなんか最たるものでしょう。あの作品に出てくるいわくつきの部屋は、スティーブン・キングの原作では217号室なのに、映画ではなぜ237号室なのか——キューブリックはロケに使ったティンバーライン・ロッジに実際に217号室があるから、苦情が来ないよう237号室に変更したと説明しているんだけれど、そうではなくて、キューブリックがアポロの月面着陸映像に関与していて、その秘密があの番号には隠されているんだ……と、とんでもない方向に解釈が飛躍していく。

添野 あの映画自体が、キューブリックとオカルトというものの需要のあり方を映し出しているんだよね。

柳下 まさにそう。ただ、それはそれとしてね……。キューブリックという人は、見えないものは映らない、と考えている人じゃないですか。それはもう徹底している。ところが観る側は、見えていないもの、映っていないものこそ映画から読み取ってしまう。そこが面白いところでもあるよね。だから、『ROOM237』を観たあとで『シャイニング』を観直してみると、逆にすごく単純な映画に見えてくるんですよ（笑）。

添野 僕も今回、『2001年宇宙の旅』以降の映画を順番に観直してみたんだけれど、どれも実はシンプルでわかりやすい映画なんだよね。『時計じかけのオレンジ』なんかイギリスで上映禁止になったりして、スキャンダラスな作品ではあるけれど、全体としては皮肉の効いたコメディとして非常にわかりやすい。構造もシンプルで、『時計じかけのオレンジ』にしても、『バリー・リンドン』にしても、どこかからどこかへ行って、なんらかの成長や変化を遂げて戻ってくるという「行きて帰りし物語」として一貫している。でも、映画を観ているあいだは、必ずと言ってよいほど出てくる夢や鏡のモティーフ、あるいはステディカムで狭い場所を移動していくおなじみのショットの効果もあって、なにやらおかしな、非日常の世界に連れていかれてしまうような感覚がある。

柳下 そういうショットへのこだわりや映像的な効果がミソだと思うんだよね。たとえば『ROOM237』では、最初のほうのダニーの顔とラストのジャックの顔が重なって、切り返しになっているように見えるということが指摘されているんだけれど、それはキューブリックが左右対称にして人を真ん中に置く構図が好きだから重なるのはあたりまえなんだよね（笑）。そういうふうに、キューブリックオカルトの人のなかには、ものすごく細かいディティルは気にするくせに、いちばんシンプルなところを見逃している、というケースが意外と多い。でも、これはまさにオカルト的思考の人がはまりやすい罠なんだよね。

添野　ステディカムの使い方にしても、実は機械的と言ってもよいくらい毎回同じことをやっているのだけれど、観る側がそこに不思議な魔力を見いだしてしまうところがある。『アイズ ワイド シャット』でトム・クルーズがさまざまな店や部屋に入っていくシーンなんかでも、彼が歩き始めるたびにステディカムで律儀に正面からその姿をとらえるでしょう。ああいう繰り返しによって、非日常の秘密の世界に誘い込まれるような感覚が増幅していく。あるいは、これもまたキューブリックの特徴的なショットで、人物がレンズのほうを凝視するショットが頻繁に出てくるけれど、ああいう画にはこちらの思考力を絡めとってしまうような

『アイズ ワイド シャット』

力があると思う。そういうところにも僕は一種、オカルト的な魔力を感じるんだよね。

美しい構図への執着

柳下　キューブリックの作品のなかで、最も多くの人を狂わせてしまった映画はやはり『2001年宇宙の旅』だよね。あの映画について、「結末を曖昧にしているせいで、皆が深読みをしてしまう」というようなことがよく言われるけれど、キューブリック自身はべつに必要以上に曖昧にしているわけじゃないと言っているし、実際そうなんだと思う。つまり、キューブリックは見えるものしか描かないんだけれど、それを切り分けていった先になにかがある、ということまではははっきり描いているわけです。この点はアーサー・C・クラークも同じだけれど。

添野　神秘主義的な考え方だよね。この宇宙のどこかに至高の存在がいて人類を見ているんじゃないか、とか、人類もいつかは肉体を脱ぎ捨てて宇宙へ出ていくときが来るんじゃないか、とか。

柳下　まあ、オラフ・ステープルドンから受け継がれているイギリスSFの伝統だよね。SFを読み慣れていない人からすると、一種の信仰小説のようにも映るんだろうけれど。

添野　クラークの「幼年期の終り」という小説自体、そういう要素があるしね。

柳下　クラークにしてもキューブリックにしても、基本的には技術者なんですよ。その技術の先になにを見いだすか、ということだよね。『2001年宇宙の旅』は、当時において最高水準の技術的達成だったわけだけれど、それは人類がいかなる存在なのかという哲学的な問いに答えようとした結果である。SFファンがある意味がっかりしたっていうのはモノリスを発見してスターゲートを抜けたあとに答えがないからなんだよね。「それはそうかもしれないけれど、でも俺たちが観たかったのはこういうものじゃないんだよ」と思った人もいた。でも、キューブリックは完全に意図的にそれをやってる。スターチャイルドが何者なのか、神なのか超人なのかなんなのか説明しないんだけれど、それは説明が結局人間の理解できるところでしかないからでしょう。

でもスターチャイルドは人間には理解できないものなんだ。要するに、「神秘体験は説明できない」というところに帰着するんだよ。ヒッピーたちが『２００１年』にかぶれたのも、あれは神秘体験を映画において実現したものだったからなんだと思うな。当時において誰も見たことがないようなレベルの神秘体験を与えてくれたからでしょう。

添野　クラークの小説版にないイメージでいえば、映画では太陽と月とモノリスが直列する画を繰り返し見せるじゃないですか。あれなんかはまさしくキューブリックのこだわりだよね。単に通信していることをわからせたいのであれば、モノリスと月が見通せる画をつくれば十分なのであって。

柳下　それこそ左右対称への執着ですよ。きれいに並べたいというパラノイアックな欲望がまずあって、それがあまりに透徹されているから、映っているもの以上の意味をそこに読みたくなってしまう。

添野　ラストのスターチャイルドのシーンにいたるも直列だしね。キューブリックは単に美しい構図を考えただけな

『2001年宇宙の旅』

のかもしれないけれど、観る人によってはそこに占星術的なオカルト要素を見てしまう。

柳下　さっきも言ったように、キューブリックは間違いなくフロイト主義者なんだけれど、そのことの呪いというべきものがあってさ。つまり、抑圧されているものは必ずなんらかのかたちで甦ってくるわけ。キューブリックは目に見えないものは撮らないという姿勢を貫くことで、実はいろんなことを抑圧している。そのなかにはきっとオカルト的なものもあったと思うんだ。だから、表面上はオカルトを抑圧していても、結果的にはオカルトを呼び起こしてしまう。

『シャイニング』撮影現場にて。ジャック・ニコルソンと

添野　その抑圧していること自体、キューブリックは気づいていたんだろうか。

柳下　キューブリックのことだからわかっていたとは思うけれど、自分からは言えないよね。

原作との向き合い方

柳下　そういうキューブリックが『シャイニング』を撮ったということが、僕はすごく興味深くて。というのも、キューブリックは『シャイニング』で原作者のスティーブン・キングを激怒させたわけですよね。キングが怒った理由としては、つまり幽霊の話ではなく、ジャック・ニコルソン演じる主人公が妄執にとらわれていく話――少なくともそう見られるように――にしてしまったことが大きいわけでしょう。キングの原作は、呪われた土地にホテルを建てたために、そこに棲む怨念が作用して主人公がおかしくなっていく、というふうに明確に描かれている。

添野　いわゆるホーンテッド・ハウスものの基本的なありかただよね。呪いが場所に宿り、どんどん蓄積されていく。キングはそのパターンに関心があったけれど、キューブリックはそこについてはどうでもよかったのかな。

柳下　でもさ、あの少年（ダニー）は実際に死んだ人間を見ていて、それは彼の超能力によって見えているわけだよね。つまり、場所の記憶を超能力によって幻視している、と。最初に観たときは、この点がすごく引っかかったんだ。どうして幽霊はだめで超能力はいいんだろう、というね。一方では少年とコック（ハロラン）が超能力で交信するというようなシーンを明確に描いておきながら、幽霊の存在は明確にせずに、まるで主人公が発狂したかのように見せている。この切り分けがすごく面白い。

添野　キューブリックのなかではそれははっきりと切り分けられているのかね。

柳下　わからないよね。こっちからすると、幽霊も超能力も一緒じゃないか、という気がするんだけれど（笑）。

添野　僕は今回まとめて観直したら、キューブリックがなぜ『シャイニング』を映画化しようとしたか——というよりも、自分の映画の素材として利用しようとしたか、すごくよくわかった気がした。キューブリックって、ダメ男の話を繰り返し描いているでしょう。愚かだったり、軽薄だったり、他人の心がわからない男がその性質のせいで苦しんで、人生に問題を抱えてしまう話。だから、『シャイニング』で幽霊話を描くのではなく、ジャックという男の話にフォーカスしていったというのは、当然のなりゆきというか、最初からそれが目的だったんじゃないかな。要するに、もともとDV気質のある男が、ああいう場所に閉じ込められることでそれを解放させてしまうというね。それと、さっきのどこかからどこかへ行って戻ってくる話という構造で考えると、『シャイニング』はジャックがホテルへ戻っていく話だよね。そういう具合に、キューブリックはキングの原作を自分のやりたいことのために利用することしか考えていなくて、それはキングが怒るのも無理はないと思うんだ。

柳下　利用するというか、キューブリックって原作ものをやる場合には、バックグラウンドからなにから一から調査し直すんだよね。

添野　『シャイニング』では、ダイアン・ジョンソンを呼んできて、それをやったわけだよね。そこでキューブリックと組む人はいつも大変な思いをするんだけれど。

柳下　キングにしてみれば、こっちをさしおいてバックグラウンドをチェックするって、じゃあ俺の立場はどうなるんだよ、ということになる（笑）。

コミュニケーションの失敗

柳下　添野くんが言ったダメ男の話につながるけれど、キューブリック本人は自分の作品に共通するモティーフは「コミュニケーションの失敗だ」と言っているよね。それはキューブリック自身がオタクだからだと思うんだけれど（笑）。『シャイニング』の主人公は、妻や子どもとコミュニケーションがとれなくなって、館の幽霊――幽霊じゃないかもしれないけれど――としか交信できなくなる。でも、それはコミュニケーションではないんだよね。あくまで彼の妄想を増幅させる装置であって。

添野　幽霊屋敷ではなく、ジャックのために設えられた地獄だよね、あのホテルは。バーテンダーが出てきて、ジャックが「ツケがきくか」と聞くと「あなたのは通用しません」と言われるシーンがあるけれど、あれはつまり「ここはあなたのための地獄ですから」という意味なんだと思う。本当にジャックの話だけに絞って、原作にあるそれ以外の要素は完全に切ってしまっている。

柳下　そう。だから、僕も『シャイニング』をリアルタイムで映画館で観たときは、ご多分に漏れず結構ガッカリしたんだよ。怖いシーンは怖いんだけれど、全体的には「なんだ、これ」という感じで。ところがいま観ると、めちゃめちゃスピーディーで、事件はガンガン起きるし、すごくわかりやすい映画だよね。

添野　芸術家としてばかり語られがちだけれど、実は職人的な巧さがあるよね。

柳下　そう。なにより編集のテンポがよくて巧い。

添野　『バリー・リンドン』なんかもあんなに長い映画なの

に、退屈するところがまったくないんだよね。テンポが速くて、そのわりに舌足らずなところもない。ただ、すごくまとまっているぶん、さっきから話しているような深読みさせる部分はあまりないかもしれない。そういう意味では「失敗」している作品のほうがオカルトっぽいかも。

柳下　深読みさせちゃってる時点で、そうかもね。『バリー・リンドン』はナレーションもついているから、変に解釈を拡げようがない感じがする。

添野　キューブリックって基本的にナレーションが好きな人だと思うんだけれど、ナレーションがある映画とない映画があるよね。あれはどういう基準で付けていたんだろう。『時計じかけのオレンジ』は全篇、主人公のナレーションで過去を回想する形式になっている。あれがありだったら、どの映画もその手でいけたはずなのに、毎回そうではないところが不思議。

柳下　『2001年宇宙の旅』では、当初付けていたナレーションを全部取っ払ってしまったわけだよね。たしかにナレーションは好きだし、できれば付けたいんだけれど、左右対称へのこだわりと一緒で、「この場合はないほうがいいな」という美的な判断が優先するんだと思う。そういうふうに、ここぞというときには自分の欲望を抑え込むことができる人なんだよね。

添野　『アイズ ワイド シャット』は、ナレーションがあってもおかしくなかったよね。

柳下　そうだね。ただ、あの映画こそ、フロイト的な抑圧の話だから、キューブリック自身もなにかを抑圧していたのかもしれない。リビドーが盛り上がって、「さあ、やるぞ」となると「はいダメ、禁止」と言われてしまう。絶えずスーパーエゴによる禁止があって、どんどん次の可能性に進んでいく。

添野　しかも、きっかけは妻がその昔、主人公以外の男にときめいた、というそれだけのことなんだよね。トム・クルーズがまた、職業人としてはすごく有能なのに、家庭においては妻のほうが完全に優勢に立っているという男を上手に演じていて……。

『バリー・リンドン』

柳下　俺は「まんまだな」と思ったよ（笑）。当時の感覚だと、ニコール・キッドマンのほうがトム・クルーズより俳優として格上な感じがあったし。

添野　でも、シュニッツラーの原作（『夢小説』）をあらためて読むと、本当に映画と同じ話なんだよね。舞台は十九世紀のウィーンだけれど、妻に抑圧された男がリビドーに突き動かされるようにして街を彷徨（さまよ）ってしまう。キューブリックが惹かれたのは、やっぱりそういうダメ男の話だったんじゃないかな。

柳下　ただ、あらためて観てみると、いろいろあった日の翌日、主人公が昨夜会った女性たちがもう一度出てくる種明かしの部分はちょっと蛇足という感じもする。いわばあのくだりがナレーションになっているんだよね。

添野　ジーグラーという人に全部説明させてしまうからね。あそこがないと映画が終わらないんだろうけれどまあ、夜の世界で見たものを昼の光線のなかでもう一度見るというのは若干興ざめするかも。

柳下　夜の出来事を昼の論理で……まさに夢で起きたことを目が覚めてから思い返すという夢判断の部分なんだろうね。そういう意味では、キューブリックは本当の意味でヤバイ部分には触れられないところがあって、最終的にいつも解釈して終わるんだよ。実際には、あの秘密結社がなんなのか最後までわからないままのほうがオカルト的には面白いわけだけれど。

添野　あの秘密結社はなにかモデルがあるのかな。

柳下　あそこで出てくる儀式の言葉みたいなものは、ルーマニア語を逆回転させているんだよね。普通に神への祈りみたいな言葉らしいんだけれど。赤い衣は枢機卿の聖衣がモティーフだし、そういう宗教的な儀式を裏返しにしているんじゃないかな。

添野　公開当時に観たときは、あそこで結構ガッカリした記憶がある。あれがとんでもないセックス教団で、中でどんなすごいことがおこなわれているのかと思わせておいて、実際には全然すごくない、という。ただ、それは観る側の勝手な期待で、キューブリックははなからそこには興味がないんだよね。

柳下　うん、そこに力を入れている感じはしない。個人的な欲望ではなく、あくまで研究成果として、最大公約数的なフェティッシュを入れてきているんだと思う。

添野　ただ、一方でニコール・キッドマンの裸は冒頭から繰り返し見せるじゃない。なにかこだわっているところが違うんじゃないかという感じがして、ああいうところはもしかすると無意識の発露なのかもしれない。

柳下　そこはむつかしいね。やっぱりキューブリックにはつねに抑圧しているものがあるわけですよ。われわれはどうしてもオタクだから、ディテイルにこだわって読み解いてしまいがちだけれど、さっきから言っているような表面にあらわれているものが必ずしも抑圧されているものの表出とはかぎらないわけで。

添野　そういえば、今回ソフトで観直して初めて気がついたんだけれど、トム・クルーズの家にかかっている庭の絵って、『時計じかけのオレンジ』の作家の家にかかってい

『アイズ ワイド シャット』

るのと同じ絵なんだよ。あれ、キューブリックの奥さんのクリスティアーヌが描いた絵なんだよね。

柳下　またそういうところに意味を読み込んでしまう（笑）。

添野　というか、あの映画のニコール・キッドマンって、普段家では眼鏡をかけているけれど外すとすごい美人で、ってそれ、キューブリックの奥さんのことだよね。キッドマンはもともと画廊に勤めていたから家にたくさん絵が飾ってある、という設定だったけれど、クリスティアーヌ・キューブリックは画家なわけで……。

柳下　いま思うと、『アイズ ワイド シャット』はあんな大作にするのではなく、それこそ低予算映画としてロケだけでさくっと撮ってしまったほうがよかったんじゃないか、という気がする。でも、大巨匠キューブリックにはそれはできなくて、やるとなると大仰なことになってしまったのかもね、立場的に。そう考えると、やっぱり『ナポレオン』が観てみたかったとしみじみ思うよ。

添野　ああ、そうだね。

柳下　エキストラを五万人使って、ワーテルローの戦いとかを再現しようとしていたという、本当にどうかしているとしか思えない企画で（笑）。ぜひ観たかった。

キューブリックが描いた未来

添野　一方では、キューブリックが自分では完成させなかった『A.I.』（二〇〇一）という映画があるわけだけれど、なぜキューブリックがこの題材に固執したのかもいまひとつわからないところがある。ブライアン・オールディスの原作は、彼の作品のなかでもとくに面白い部類のものではないし。『2001年宇宙の旅』以降、人工知能に対する関心を持ちつづけていたのかな、とか、いろんな想像はするけれど。

柳下　キューブリックが次になにをやるか、という話は結構何度も漏れ伝わってきていたから、最初にオールディスの短篇を映画化すると聞いたときは、どこまで本気かわからないな、と思っていたんだけれど、あとから知ると、かなり本気で取り組んでいたんだよね。

添野　そうそう。それでいつもと同じようにオールディスをつかまえて長い長いセッションに付き合わせて、彼が音を上げてからはイアン・ワトソンをつかまえて、やはり延々詰めていって……。最終的には、なんとか形になっていた脚本をもとにスピルバーグが映画にしたわけだけれど、キューブリックはあの物語になにを見ていたんだろう。

柳下　実際にできた映画はやっぱりスピルバーグの映画になっていたし、あの映画からキューブリックがやりたかったことを推し計ることはできないよね。ただ、『2001年宇宙の旅』からの流れで考えると、クラークは人間が神に進化するということを肯定的にとらえていたけれど、キューブリックは実はそうではなかったような気がするんだ。おそらくキューブリックのほうは一種の不可知論に入っていて、スターチャイルドがどういう存在でこれからなにをするのかはもうわからない。そういうふうに人類の進化を中立的にとらえていたんじゃないかと思うんだよね。だから、『A.I.』という題材についても、キューブリックは肯定でも否定でもない、中立的な視点で向かい合おうとしていたんじゃないかな。それは『2001年宇宙の旅』でHAL9000をすごく人間的な存在として描いて

『A.I.』

しまったことへの反省だったかもしれない。もっと異質な、現代の人間の価値判断において善でも悪でもない存在として人工知能を描こうとしていたんじゃないか、って気がする。

添野　それはすごく感じるね。クラークは人類が神に進化することを夢見ていたと思うけれど、キューブリックは人工知能のような存在が未来において人間に取って代わることを望んでいたようなふしがある。脚本の執筆に際しても、人工知能の専門家であるハンス・モラヴィックの思想を取り入れたりして、「こういうふうにならないかなあ」という希望がどこかにあったのかもしれない。

柳下　もう少し長生きしていたら、シンギュラリティーネタで一本できたかもね！

（そえの・ちせ／映画評論家）

（やなした・きいちろう／映画評論家・翻訳家）

Kubrick Books

キューブリックを読み解くためのブックガイド

KUBRICK

ミシェル・シマン＝著
内山一樹＝監訳
白夜書房
一九八九年七月発行

＊

フランスの権威ある映画批評誌「ポジティフ」の編集委員も務める映画批評家・研究者による大冊。文章と写真による五つの章（「キューブリックのオデュッセイア」「生成過程にある作品についての考察」「キューブリックとファンタスティック」「スタンリー・キューブリックとの対話」「スタッフの証言」）と写真のみで構成された二つの章（「11の映画」「演出」）から成っており、シマンは「キューブリック映画の中心にある不変の芯に到達することを狙って、そこに集中する一連の試み」であるとしている。

キューブリック全書

デイヴィッド・ヒューズ＝著
内山一樹・江口浩・荒尾信子＝訳
フィルムアート社
二〇〇一年一一月発行

＊

キューブリックの作品歴を「台頭期」「隆盛期」「円熟期」に区分し、各作品のテクスト、技術的達成、製作背景、関係者証言、批評、興行収入などを膨大な一次資料の引用と読解によって集成。キューブリック作品がどのようにつくられ、見られ、語られてきたかを論じるうえで欠くことのできない基礎文献である。

映画監督 スタンリー・キューブリック

ヴィンセント・ロブロット＝著
浜野保樹・櫻井英里子＝訳
晶文社
二〇〇四年九月発行

＊

ニューヨークのスクール・オブ・ビジュアル・アーツなどで講師を務めるヴィンセント・ロブロットが著したキューブリックの評伝。彼の人間像、それがいかにして映画製作に結びついたのかをさまざまな資料や証言を参照しつつ読み解いていく。

スタンリー・キューブリック 写真で見るその人生

クリスティアーヌ・キューブリック＝編著
浜野保樹＝訳
愛育社
二〇〇四年六月発行

＊

妻クリスティアーヌが編纂を務めたキューブリックの写真集。作家性や作品世界の読解ではなく、家族から見た一個人としてのキューブリックにスポットを当てたという意味で、他に類を見ない一冊となっている。

スタンリー・キューブリック 全作品

ポール・ダンカン＝著

TASCHEN
二〇〇三年一月発行
＊
ドイツの美術書出版社タッシェンから刊行されたキューブリックの研究書。

Stanley Kubrick Photographs: Through a Different Lens
TASCHEN
二〇一八年四月発行
＊
「ルック」誌のカメラマン時代に撮影されたキューブリックの写真作品を収録した写真集。

The Stanley Kubrick Archives
アリソン・キャッスル＝編
TASCHEN
二〇〇五年三月発行
＊
キューブリック作品の資料集。映画の場面スチルや撮影現場の写真、制作されなかった作品の準備資料や絵コンテまで貴重な資料が満載されている。初回版にはジェレミー・バーンスタインによるキューブリックのインタビューを収録したCDが付属。

2001: The Lost Science
アダム・K・ジョンスン＝編
Apogee Books
二〇一二年三月発行
＊
『2001年宇宙の旅』の制作アドバイザーから提供された数多くの資料を掲載。実現しなかった宇宙船やメカニック、宇宙服の初期デザインなどコンセプチュアルワークの変遷を知ることができる。

The Making of Stanley Kubrick's 2001
TASCHEN
二〇一五年九月発行
＊
モノリスと同じ形態で造本された『2001年宇宙の旅』の豪華資料集。発掘された膨大な写真と資料を網羅している。

The 2001 File: Harry Lange and the Design of the Landmark Science Fiction Film
クリストファー・フレイリング＝著
Reel Art Press
二〇一五年九月発行
＊
『2001年宇宙の旅』のコンセプトデザインが策定されていった経緯と事実関係を整理し、スケッチや図面を掲載している。

2001：キューブリック、クラーク
マイケル・ベンソン＝著
添野知生＝監修　中村融・内田昌之・小野田和子＝訳
早川書房
二〇一八年一二月発行
＊
ジャーナリストであり映画の実作者でもあるマイケル・ベンソンが『2001年宇宙の旅』の制作背景を取材したノンフィクション。キューブリック、クラークのみならず、スタッフ、俳優、アドバイザーなど多くの証言をもとにしており、総合知の賜物（たまもの）としての『2001年宇宙の旅』を浮かび上がらせている。

EYES WIDE OPEN
スタンリー・キューブリックと「アイズ ワイド シャット」
フレデリック・ラファエル＝著
鈴木玲子＝訳
徳間書店
一九九九年八月発行
＊
『アイズ ワイド シャット』の共同脚本を手がけたフレデリック・ラファエルが、二年間に及ぶ作業の内幕と、そこから見えたキューブリックの人間像、作家性について綴った一冊。傍目にはあまり愉快でない一面も率直に吐露されているため、キューブリックの妻クリスティアーヌからは事実無根と非難を受けた。

Stanley Kubrick's Napoleon: The Greatest Movie Never Made
TASCHEN
二〇〇九年一一月発行
＊
キューブリックが最も映画化を切望していたといわれる幻の企画『ナポレオン』の資料を集成。調査メモや研究者とのディスカッションの記録などを参照し、キューブリックが思い描いた全体像を探る。巨大な外函のなかに十冊の本が収納されている豪華な造り。

世界の映画作家2 ジョン・フランケンハイマー／スタンリー・キューブリック／アーサー・ペン
キネマ旬報社
一九七〇年一月発行
＊
キネマ旬報社から刊行されていた「世界の映画作家」シリーズの一冊。現在ではこの三人を同じカテゴリに入れることは考えづらいが、当時のキューブリックがフランケンハイマーやペンと並び、斬新な感覚をもった新世代の映画作家と認識されていたことがわかる。品田雄吉の作品論、筈見有弘の作家論のほか、『博士の異常な愛情』のシナリオ採録も。

ザ・スタンリー・キューブリック
キネマ旬報社
一九八一年四月発行
＊
日本国内で初めて単行本としてまとめられたキューブリック論集。当時の最新作であった『シャイニング』までを俎上に載せて、金坂健二、石上三登志、高沢瑛一らが作品論・作家論を寄稿。撮影現場のスチルなど、図版が豊富に掲載されている。

「イメージフォーラム」一九八八年四月増刊号 キューブリック
ダゲレオ出版
＊
キューブリック研究の第一人者である内山一樹が監修を務めた、おそらく日本国内で刊行されたキューブリック関連書のなかでは最も充実した内容の一冊。豊富な一次資料、海外における信頼に足る二次資料を参照し、短篇ドキュメンタリーから『フルメタル・ジャケット』までの作品解析、情報精査を徹底しておこなっている。ちなみに、雑誌「イメージフォーラム」は、これ以外にも海外の記事の翻訳を数多く掲載するなど、日本国内においてキューブリックに関する正確な情報を知らしめる重要な役割を担った。

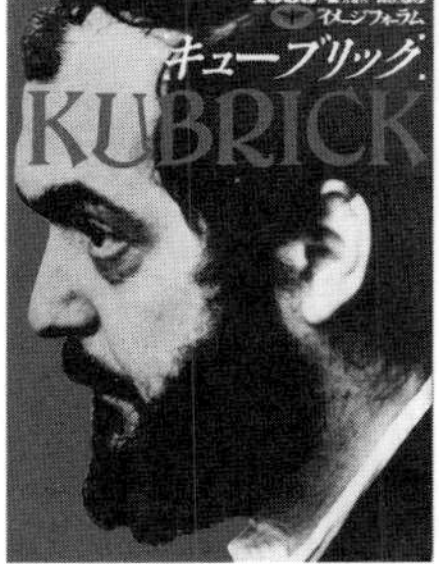

フィルムメーカーズ8 スタンリー・キューブリック
キネマ旬報社
一九九九年一〇月発行
＊
キネマ旬報社の「フィルムメーカーズ」シリーズムックの一冊で、『「2001年宇宙の旅」講義』（平凡社新書）などの著書もあるアメリカ文学研究者の巽孝之が責任編集を手がけている。キューブリックの死、そして『アイズ ワイド シャット』の公開直後のタイミングだったこともあり、キャリア全体を俯瞰する内容となっている。

キューブリック映画の音楽的世界
明石政紀＝著
アルファベータ
二〇〇七年七月発行
＊
音楽からキューブリック作品に光を当てた論考。どのような意図にもとづいて、どのような音楽が使用されているか、という情報整理にとどまらず、それを解析することがキューブリックの映画世界を理解するために不可欠であるという考えのもと、映画と音楽との関係性、深層的な問題にまで切り込んでいく。

Kubrick Words 3
キューブリックは語る

『シャイニング』

リアリズムは、議論や概念をドラマ化するには最良の方法だろう。ファンタジーは、主として無意識に関係するテーマを扱うには最適と言えるかもしれない。例えば、幽霊物語の無意識の魅力は、その不死という約束事にあると思う。もし幽霊物語に怖がることができるのなら、超自然なものが存在する可能性を認めなければいけない。もしそれらが存在するとするなら、死後には忘却以上のものがあるわけだ。

［ミシェル・シマン『KUBRICK』内山一樹監訳、白夜書房］

『フルメタル・ジャケット』

すべてが恐怖によって成立しているという点から、戦争とは純粋なドラマであると言える。それは恐らく、人が原則として信ずるものを支持し弁護するという状況がいまだに残されている、数少ない事象だからだろう。

［「ニューヨーク・タイムズ」一九五八年一〇月一二日号（デイヴィッド・ヒューズ『キューブリック全書』内山一樹・江口浩・荒尾信子訳、フィルムアート社）］

私は以前スティーヴン・スピルバーグと交わした会話のことをふと思い出しました。それは、映画をつくるうえでもっとも困難だがやりがいのあることは何か、というテーマをめぐってのものでした。スティーヴンは一言で次のように述べたのですが、それは非常に含蓄のある答えだと思います。映画をつくるうえでもっとも困難だがやりがいのあることとは、(走り始めた)車から降りることだ。みなさんもきっとそう思われるだろうと思います。

しかしそれと同時に、映画をつくるという特権を与えられたものは誰もが知っているように、それは遊園地のゴーカートの中で(他者とぶつかりながら)『戦争と平和』を書こうとするようなものかもしれないけれど、それをやり遂げたとき、なにものにも替えがたい人生の喜びとなります。

[D・W・グリフィス賞受賞スピーチ(「イメージフォーラム」一九九九年秋号)]

Kubrick Words 3

長い間、私を困惑させているものに、映画のエンディングが時として間違った印象を与えがちだということがある。特に、物語がひとつの決定的な結末——たとえば、時限爆弾がスーツケースの中で爆発するか否か、というような——を迎えるのではない時にそれは起こる。人生の意味と人間を題材にする時には、映画の結末は真の結末ではないことが多く、それが観客を不安に陥れることになる。彼らは招かれざるアンハッピー・エンドを嗅ぎとっているに違いない。

その一方で、誰かがひとつのことを成し遂げたところで物語が終わると、それはある種の不完全さを私に印象づける。なぜなら、その結末は新たな物語の始まりに他ならないからだ。

[「オブザーバー」一九六〇年一二月四日号(「イメージフォーラム」一九九九年秋号)]

論考

『フルメタル・ジャケット』以後と『アイズ ワイド シャット』以後

内山一樹

一九八七年六月一九日に公開された『フルメタル・ジャケット』は、北米での興行収入二三〇〇万ドルを上げるヒットとなった。『ビバリーヒルズ・コップ2』が八一〇〇万ドルで第一位、『プラトーン』が六七〇〇万ドルで第二位だったその年の興行ベストテンで第一五位の成績である（八八年三月一九日に公開された日本では配収七億六〇〇〇万円で第十位。この年の日本の一位は二四億五〇〇〇万円の『ラストエンペラー』）。

キューブリックは、『フルメタル・ジャケット』の追い込みのために見られなかった新作映画を見ると共に、次回作の題材を探して雑誌、新聞、単行本を読み漁る生活に戻った。

一九八九年、『タクシー・ドライバー』（一九七六）のプロデューサー、ジュリア・フィリップスがアン・ライスの一九七六年の小説「夜明けのヴァンパイア」（邦訳＝田村隆一、早川書房、一九八七）を、〝吸血鬼映画の「2001年」〟にするべく、原作本をキューブリックの元に送ったが、キューブリックは興味を示さなかった（この企画は一九九四年にニール・ジョーダン監督『インタビュー・ウィズ・ヴァンパイア』として実現した）。

その代わりにキューブリックは、五年ぶりにブライアン・オールディスに電話をかけた。

アンドロイドの少年

ブライアン・オールディスは、一九二五年生まれのイギリスのSF作家で（二〇一七年、九十二歳で没）、七三年に出版した「解放されたフランケンシュタイン」（邦訳＝藤井かよ、早川書房、一九八二）が九〇年にロジャー・コーマン監督によって映画化されている（Frankenstein Unbound。日本未公開。ビデオ題名『フランケンシュタイン　禁断の時空』）。同じ七三年にオールディスは「フランケンシュタイン」をSFの起源とする「十億年の宴―SF―その起源と歴史」（邦訳＝浅倉久志・酒匂真理子・小隅黎・深町眞理子、東京創元社、一九八〇）というSF史も出版しており、その中で（本文でなく註でだが）『博士の異常な愛情』『時計じかけのオレンジ』それに『2001年宇宙の旅』を作ったキューブリックを現代の偉大なSF作家と評価していた。ペーパーバック版でこれを読んだキューブリックは、一面識もなかったオールディスに、会って食事でもしませんかと電話をかけて来た。

オールディスはキューブリックと会った。当時のキューブリックは、ヒゲもじゃの顔に黒い頭巾のような帽子をかぶり、緑の戦闘服を着ていて、まるでキューバ革命の闘士ゲバラのようだった。映画に出来るかも知れないからあなたの著作を送ってくれませんかと言われたオールディスは自著を二、三冊、キューブリックに送った。

その後二人は何度か会ったが、オールディスの小説の映画化の話は具体化しないまま、キューブリックは『シャイニング』の製作に入り、二人の連絡は途絶えた。

一九八二年八月、オールディスの元にキューブリックから手紙が来た。

キューブリックは、以前、昼食の席で、『スター・ウォーズ』（一九七七）のようなSFお伽噺をヒットさせる条件を二人で分析したことを挙げた後、オールディスが送った短編集の中の一編「スーパートイズ」を映画化したい旨を述べていた。

「スーパートイズ」は、六九年に雑誌「ハーパーズ＆クィーン」特別号に掲載された二〇〇〇語の短編である（二〇〇一年版短編集の邦訳＝中俣真知子、竹書房、二〇〇一）。

人口調節のため出産が厳しく管理された未来、アンドロイド製造会社の重役が、子供を産む許可が出るのを待っている妻を慰めるためアンドロイドの少年デイヴィッドと、同じくアンドロイドのテディベアを家に連れて帰るが妻は喜ばないという話（我らが手塚治虫の「鉄腕アトム」第一話を思わせる）。

オールディスは気乗りしなかったが、「スーパートイズ」の映画化権をキューブリックに売り、彼の求めに応じて契約を結び、脚本化の作業に入った。

契約では完成した映画のクレジットに脚本執筆者としてキューブリックの名と並んでオールディスの名しかなければオールディスは二〇〇万ドルを貰えることになってい

た。脚本完成直前に別の脚本家が参加するとオールディスは一銭も貰えない。オールディスにとって非常に不利な契約だったが、キューブリックとの共同作業に意味があると思ったオールディスは不利を承知で契約した。

小説の映画化は、長編を纏（まと）めるより短編をふくらませる方がずっと容易で結果も良いとキューブリックはオールディスに語った。短編を元にした『２００１年』や長編を元にした『ロリータ』『バリー・リンドン』の経験に基づく言葉だ。

しかし脚本化の作業は遅々として進まず物語はなかなか形を成さなかった。キューブリックの次回作は『フルメタル・ジャケット』に決まり、製作の準備が開始された。

「スーパートイズ」を中心に2001年に出版されたブライアン・オールディスの短編集 “Supertoys Last All Summer Long: and Other Stories of Future Time”

オールディスとの仕事は棚上げされた。

フロリダで開かれた会議に招待されたオールディスはそれに出席し、旅先からキューブリックに絵はがきを送った。返事はオールディスをクビにするというものだった。契約では「スーパートイズ」の脚本執筆中、オールディスはキューブリックの許可なしにイギリスを離れてはいけなかった。「スーパートイズ」の脚本化の作業は中断しているとオールディスは抗議したが、キューブリックは契約は契約だと譲らなかった。それ以来五年間、二人は一言も口をきいていなかった。

「夜明けのヴァンパイア」の話がキューブリックのＳＦファンタジーへの興味をまた掻き立てたのか、一九九〇年、キューブリックはオールディスに久しぶりに電話をかけた。

意見の相違はあったがもう何年も前のことじゃないかと言うキューブリックをオールディスは受け入れた。「スーパートイズ」の脚本化作業は再開した。

“ファッキング・ピノキオ！”

キューブリックは『E.T.』（一九八二）にも感銘を受けていて、センチメンタルで非現実的な寓話を作ろうとしていた。キューブリックの助手エミリオが運転する車で送り迎えされてキューブリック邸に通うオールディスは、このキューブリックの考えにあまり乗り気ではなかった。

オールディスはキューブリックの脚本論を聞いた。それは、互いの関連は当面考えなくてよいから、六つの物語ユニットを作るというものだった。

オールディスはまた、キューブリックがキューブリックである特権を行使する様子も間近に目撃した。

執筆中、人工知能の世界的権威ハンス・モラヴィックに聞きたいことが出て来た。キューブリックは助手を呼んでモラヴィックに連絡を取るよう命じる。三〇分後、戻って来た助手は、モラヴィックは講演旅行で日本に行っていると言う。「では日本の彼に連絡を取ってくれ」「どうやって?」「東京のワーナーに電話してモラヴィックのいるところを聞くんだ」「しかし東京は今、真夜中ですよ」。一時間後、電話に出たモラヴィックにキューブリックは聞きたいことを聞いて受話器を置く。

オールディスとキューブリックは物語ユニットを二つ作ったところで行き詰まった。

キューブリックは、アーサー・C・クラークにクラーク自身が再び一緒に仕事することを含めて相談した。クラークは自分で書くとは言わず、別のSF作家ボブ・ショウを推薦した。

ショウは六週間の脚本執筆契約をキューブリックと結んだ。
邸に招かれ食事を振る舞われた彼は、オールディスの原作と書かれたところまでの脚本を渡された。

アンドロイドの少年デイヴィッドの〝父〟でアンドロイド・エンジニアのヘンリー・スウィントンは、召使アンドロイドを作る。この召使アンドロイドは重要な役だと言われたショウは、一週間後、書いたものを持って再びキューブリック邸を訪れた。読んで行くうちにキューブリックの顔はどんどん曇って行く。召使アンドロイドは主役じゃない、脇役だ。他に書いたものはないんですか? ある訳はなくショウは気落ちして帰った。

ショウはバンクーバーで開かれたSFコンベンションに招待されて出席した。帰国するとワーナーから契約違反だという手紙が届いていた。ショウはキューブリックに脚本執筆の拘束期間を一週間か二週間延長することを申し出た。

キューブリックは、僕のことを役に立たない奴だと思っていたようだとショウは語っている。

次にキューブリックはイアン・ワトソンと契約した。

これを知ったオールディスは、ワトソンとは仲が悪く、一緒に仕事は出来ないとキューブリックに告げた。そして休日に家族とヨーロッパに行くことになり、五年前のことがあるので事前にキューブリックに連絡した。キューブリックの答えは五年前と同様、「契約違反だ」。「俺はどこへでも行く!」。オールディスはこのプロジェクトに二度と戻らなかった。

ワトソンの住まいはキューブリック邸に通うには遠過ぎたので、キューブリックはワトソンの家にファクシミリを設置した。

未来、アメリカ東海岸の大部分が水没している世界で、アンドロイドの少年が人間になるための方法を探る…。オールディスが〝ファッキング・ピノキオ!〟と呼ぶこの物語の第一準備稿(ファースト・ドラフト・スクリプト)を完成させたワトソンは八〇万ポンドを手にした。

ユダヤ人の少年と美しい叔母の物語

だがキューブリックはこの「スーパートイズ」の製作に取りかからず、パトリック・ジュースキントの一九八五年の小説「香水 ある人殺しの物語」(邦訳=池内紀、文藝春秋、二〇〇三)や二〇世紀前半にフランスで活躍した女性の作家コレットの生涯にちょっと興味を示した後に、一九九一年に出版されたばかりのルイス・ベグリーの小説「五十年間の嘘」(邦訳=東江一紀、早川書房、一九九五)の映画化権を取得した(「香水 ある人殺しの物語」は二〇〇六年にトム・ティクヴァ監督『パフューム ある人殺しの物語』として、コレットの生涯は一九九一年にダニー・ヒューストン監督『コレット 水瓶座の女』として映画化された)。

「五十年間の嘘」は、裕福な家に生まれたユダヤ人の少年マチェックが、第二次大戦中、ナチスが侵攻して来たポーランドから美しい叔母タニヤと二人で逃げるという物語で、今はニューヨークでエリート弁護士となっているベグリーが自身の体験に基づいて、五五歳で初めて書いた小説である。

この作品ではキューブリックは一人で脚本を書いたようだ。キューブリック・ファンのベグリーが映画化を承諾して数か月後、突然キューブリックから電話がかかって来た。物語の中に歌が出て来るが、そのレコードを持っているかと聞く。持っていないとベグリーが答えると、では歌えるかと聞く。ニューヨークのベグリーが電話口で歌う歌をロンドンのキューブリックは録音した。

一九九三年四月、ワーナーは『アーリアン・ペーパーズ』（アーリア人証明書類）の仮題でこのプロジェクトを公表した。『ジュラシック・パーク』（一九九三）のジョセフ・マゼッロ少年が主人公のマチェックを演じ、叔母タニヤには、ユマ・サーマンかジュリア・ロバーツが考えられていると発表された。類似作品を作られないように内容はベルリンの壁崩壊後の話であるとされたが、五月には「五十年間の嘘」の映画化であることが明らかになった。

一九九四年二月の撮影開始を予定して、キューブリックの長女カタリーナの夫（二〇〇九年離婚）で、『フルメタル・ジャケット』の製作助手を務めたフィリップ・ホッブスやアート・ディレクターとして『バリー・リンドン』に、プロダクション・デザイナーとして『シャイニング』に参加したロイ・ウォーカーらがロケハンのためデンマークに赴いた。

二〇〇〇枚に及ぶロケ地の写真と大量のデンマーク映画のビデオ（デンマークの俳優をキャスティングするため）がキューブリックの元に送られた。キューブリックは撮影の拠点となるデンマーク第二の都市オーフスの市長に挨拶状を書いた。

しかし、同様の題材を扱っていて、九三年三月に撮影を開始していたスピルバーグの『シンドラーのリスト』（一九九三）がクリスマスには公開になることが確実になったため、興行上の不利を予測してこのプロジェクトは中止となった。

そして九三年一一月、ワーナーはキューブリックの次回作は『アーリアン・ペーパーズ』ではなく、『A.I.』（＝Artificial Intelligence、人工知能）であると発表した。「スーパートイズ」のことである。

九一年の脚本完成後、一旦棚上げされていた企画だが、『ジュラシック・パーク』に代表されるCG技術の発達がキューブリックのやる気に火を点けたようだった。

一九九五年夏には、『スター・ウォーズ』から『ターミネーター2』（一九九一）、『ジュラシック・パーク』等々、多数の作品で光学合成からCGまで新旧の特殊効果を手掛けた特殊効果のエキスパート、ILMのデニス・ミューレンとキューブリックが話し合ったことが報じられた。

ところが九五年一二月一五日、ワーナーは、キューブリックの次回作は、『A.I.』ではなく、『アイズ ワイド シャット』であると発表した。いつの間に準備していたのか、七二年頃に映画化を企画したことのあるシュニッツラーの一九二六年の小説「夢小説」をフレデリック・ラファエルとキューブリックが脚色し、トム・クルーズとニコール・キッドマンという実生活でも夫婦のスター（その後二〇〇一年に離婚）が夫婦役を演じることが明らかにされた。『A・I・』はセットをデザインし、特殊効果の技術を開発している段階で、『アイズ ワイド シャット』が完成次第取りかかるとのことだった。

『アイズ ワイド シャット』の撮影から完成、その直後のキューブリックの急死と四か月後の公開まではここでは述べないが、この他、『フルメタル・ジャケット』の後で、映画製作以外のキューブリックに関することについて触れておこう。

一九九〇年五月には、映画フィルムの保存と修復の基金設立発起人として、マーティン・スコセッシ、ウディ・アレン、フランシス・コッポラ、スティーヴン・スピルバーグ、ロバート・レッドフォード、シドニー・ポラック、ジョージ・ルーカスと共にキューブリックも名を連ねた。これは『博士の異常な愛情』のオリジナル・ネガが紛失していたことが影響しているのかも知れない。

一九九七年三月八日、キューブリックはアメリカ監督協会からこれまでの功績に対してD・W・グリフィス賞を贈られた。『アイズ ワイド シャット』撮影中の彼はハリウッドで行われた授与式に出席出来ず、ビデオで謝意を述べた。ジャック・ニコルソンが代理で賞を受け取り、ロンドンのキューブリックに届けた。さらに同年九月にはヴェネチア国際映画祭からもこれまでの功績に対して金獅子賞が贈られた。もちろんこの賞も代理人が受け取った。

以上、主な情報源はヴィセント・ロブロットとジョン・バクスターそれぞれのキューブリックの伝記（STANLEY KUBRICK: A BIOGRAPHY by Vincent LoBRUTTO, 1997〔邦訳「映画監督スタンリー・キューブリック」浜野保樹・櫻井英里子訳、晶文社、二〇〇四〕STANLEY KUBRICK: A BIOGRAPHY by John BAXTER, 1997）等である。

『A・I・』の製作と公開

前項までが「イメージフォーラム」一九九九年秋号に掲載された拙稿「『A・I』と『アーリアン・ペーパーズ』——『フルメタル・ジャケット』以後」に加筆・訂正を施したものだが、一九九九年三月七日の彼の死と、遺作『ア

イズ ワイド シャット』の公開（全米＝一九九九年七月一六日、日本＝同年七月三一日）の後のキューブリックに関する話題をさらに補足しておきたい。

『アイズ ワイド シャット』の次の作品として、キューブリックがCGでどんな画を見せてくれるのか大きな期待が寄せられていた『A.I.』は、生前のキューブリックからこの映画は君が監督した方がいいと言われていたスピルバーグが、遺族の要望もあって企画を引き継いだ。主演のアンドロイドの少年デイヴィッドには、十一歳で出演した『シックス・センス』（一九九九）で注目されたハーレイ・ジョエル・オスメント少年が選ばれ、ジュード・ロウ、フランシス・オコナーの共演で、二〇〇〇年八月から一一月まで撮影が行われた。キューブリックにとっては特別な年（もちろん『2001年宇宙の旅』）、二〇〇一年に完成し、六月二六日のニューヨーク・プレミアを皮切りに六月から九月にかけて全世界で公開された。日本の公開はアメリカとほぼ同時で六月三〇日だった（全米公開は六月二九日）。

アメリカの興収は七八六〇万ドルの大ヒットだが、日本の興収はアメリカを上回る九七億円で、二〇〇一年に日本公開された外国映画のトップの成績だった（日本では二〇〇〇年から興行成績をそれまでの配収ではなく興収で表すようになった。

『A.I.』

配収は配給会社の収入で、興収は劇場窓口の売り上げ)。

脚本のクレジットは、「イアン・ワトソンの映画ストーリーに基づく(Based on a Screen Story by Ian Watson)」とはあるが、スピルバーグの単独だった。キューブリックの名は献辞の他、「アンブリンとスタンリー・キューブリックの作品(an Amblin / Stanley Kubrick Production)」という形で残された(アンブリンはスピルバーグの製作会社)。

完成した『A.I.』は、良くも悪くもスピルバーグの映画で、特にキューブリックらしいところは感じられなかった。映画への導入以来十年以上を経たCGの技術はすっかり成熟し、その映像に観客はもう驚きを感じなくなっていた。しかしそれにしても、キューブリックだったらどんな映画になっていただろうという思いは、今でもファンの心に残っている。

二〇〇一年以後

二〇〇一年はまた、ワーナーからの新規のDVD発売に際して、『時計じかけのオレンジ』から『フルメタル・ジャケット』まで、オリジナルのままモノラルだった四作品の音声が5・1チャンネル化されたことも記録しておいていいだろう(権利を持つ会社が異なる『博士の異常な愛情』の5・1チャンネル化は二〇〇五年)

二〇〇三年一二月九日にはフロリダで、キューブリックの六歳年下の妹、バーバラ・クロナーが六十九歳で死去。アメリカン・フットボールのファンだった兄のために、試合のテレビを録画したビデオをロンドンに送るなど、兄妹の仲は良かった。

二〇〇四年三月三一日からドイツのフランクフルトで最初のスタンリー・キューブリック展が開催された。これはドイツ映画博物館の提案に遺族が賛同して実現した企画で、脚本やデザイン画、小道具や衣装、手紙などキューブリックが残した作品にまつわる様々な物を多数展示することで創作活動の核心に迫ろうとするものだ。好評を得て展覧会はその後、二〇二〇年のニューヨーク(一月一八日から始まったこの展示は『2001年宇宙の旅』に特化したもので、七月一九日まで開催の予定だったが、新型コロナ・ウイルス流行のため途中で閉鎖)まで、一六か国二〇都市で二一回にわたって開催されている(フランクフルトでは二〇一八年にも開催されたので二二回)。二〇一五年には韓国のソウルでも開かれているのに日本ではまだだ。権利料を含めた高額の開催費用が障害になっているのかと思われる。

展覧会に展示されたものは一部でしかないキューブリック邸に残された膨大なキューブリックの遺物（キューブリック・アーカイブ）は、二〇〇七年にロンドン芸術大学に寄贈され、特別の収蔵センターで保管されている。

二〇〇九年七月七日には次女アンヤが癌のため五十歳で死去した。彼女は八九年に結婚したアメリカ人ジョナサン・フィニーとの間に一子、サム・キューブリック＝フィニーを残している。サム・キューブリック＝フィニーは、『リトル・ランボーズ』（二〇〇七）等に俳優として出演している他、イギリスのメタル・バンド、シールズのヴォーカルとギター奏者としても活躍。長女カタリーナはクリスティアーヌの連れ子、未婚の三女ヴィヴィアンには子供がいないので、このサムが唯一人キューブリックの血を引く孫ということになる。

二〇一二年一〇月、五三年の公開以来、未熟な作品としてキューブリック自身の手で封印されていて見ることの出来なかった彼の長編第一作『恐怖と欲望』が解禁となり、修復版DVDとブルーレイがアメリカで発売された。日本でも翌一三年五月にDVDとブルーレイが発売され、同時にブルーレイによる劇場上映も行われた。

二〇一八年三月末に全世界で公開された『レディ・プレイヤー1』で、監督のスピルバーグは、ヴァーチャル・リアリティのゲームの中という設定で、エレベーターの扉を破って中から大量の血が廊下に溢れ出す『シャイニング』の一場面を3Dの映像とドルビーアトモスの音響で再現してファンを喜ばせた。

それから二か月足らず後の五月一二日、第七一回カンヌ国際映画祭のクラシック部門で公開後五〇年となる『2001年宇宙の旅』のアンレストア70ミリ・ニュープリントが上映された。これは現在権利を持つワーナーが、オリジナル・カメラ・ネガから作られて保管されていたマスターポジを元に、デジタル修復を一切加えずにケミカル工程だけで作ったプリントで、キューブリックの信奉者で大型映像にも造詣の深い『ダンケルク』（二〇一七）のクリストファー・ノーラン監督が監修している。カンヌの後、このプリントは五月一八日からアメリカを始め欧米各国で順に上映された。

日本でも、国立映画アーカイブ（この年四月に東京国立近代美術館フィルムセンターが国立美術館として独立）で、「ユネスコ〈世界視聴覚遺産の日〉記念特別イベント」と銘打って一〇月六日から一四日まで十二回上映されたが、チケットぴあ（ネット、セブンイレブン店頭、電話）の前売りが十分で完売し、毎回一〇〇人（一日二〇〇人）分の当日券を入手するために上映日のアーカイブの前には早朝から長蛇の列が出来た。

デジタル修復をしていないアンレストア・プリントなので傷が残っているのは納得済みだったが、会場の長瀬記念ホールＯＺＵは定員三一〇人、スクリーンの大きさ縦四・六メートル、横九・七メートルと、70ミリを映すにはもの足りなかったことは残念だった。

同じく二〇一八年には『２００１年』のＩＭＡＸ版（デジタル）が、八月二四日からのアメリカを始め幾つかの国で限定上映された。日本でも一〇月一九日から一一月一日まで限定で全国二十八のＩＭＡＸスクリーンで上映された。

また一二月一日には日本のＮＨＫ－ＢＳの８Ｋ本放送初日に『２００１年』の８Ｋ版が放送され、一二月一九日には同作のＵＨＤ（４Ｋブルーレイ。８Ｋ版とは別マスター）も発売された。

現実の二〇〇一年の世界を見ることなく、一九九九年にキューブリックが亡くなってから二十一年が過ぎた。キューブリックは９・11テロもイチローの活躍も、撮影・上映両方にフィルムを使わなくなった映画のデジタル化も、いわんや新型コロナ・ウイルスのパンデミックも知らない。『博士の異常な愛情』の基本設定であり、『２００１年』の物語の背景にもあった米ソ対立の冷戦構造こそなくなったが、世界は新たな混迷に陥り、危機に瀕している。

そんな時代だからこそ、決して明るく楽天的な世界が描かれている訳ではないが、作品の整然とした美しさが、大げさに言えば、人間への信頼と希望であるキューブリックの映画が、メディアが変わっても多くの人々に見られてほしいと思う。

後半の情報源は、ネットのサイトＩＭＤｂ（Internet Movie Database）、『A.I.』日本公開プログラム（二〇〇一）、スタンリー・キューブリック展カタログ（STANLEY KUBRICK, KINEMATOGRAPH Nr.20 edited by Deutsches Filminstitut & Filmmuseum, 2004/2019）、キューブリック・アーカイブを資料にした研究論文集（STANLEY KUBRICK NEW PERSPECTIVES edited by Tatjana LJUJIĆ, Peter KRÄMER, Richard DANIELS, 2015）等である。

（うちやま・かずき／映画研究者）

執筆者一覧（五十音順）

いいをじゅんこ
クラシック喜劇研究家。欧米古典喜劇映画の研究と普及活動を中心に、喜劇映画特集上映の企画・立案なども手がける。神戸映画資料館、旧グッゲンハイム邸との共催で神戸クラシックコメディ映画祭を毎年開催。実行委員長を務める。好きなコメディアンはバスター・キートンとチャーリー・チェイス。人呼んで「古典喜劇の伝道師」。大阪府在住。

五十嵐太郎（いがらし・たろう）
建築史・建築批評家。1967年生まれ。1992年、東京大学大学院修士課程修了。博士（工学）。現在、東北大学大学院教授。あいちトリエンナーレ2013芸術監督、第11回ヴェネチア・ビエンナーレ建築展日本館コミッショナーを務める。「インポッシブル・アーキテクチャー」「窓展：窓をめぐるアートと建築の旅」などの展覧会を監修。第64回芸術選奨文部科学大臣新人賞、2018年日本建築学会教育賞（教育貢献）を受賞。『モダニズム崩壊後の建築ー1968年以降の転回と思想ー』（青土社）ほか著書多数。

伊藤俊治（いとう・としはる）
美術史家。東京藝術大学先端芸術表現科教授。1953年生まれ。現代美術や写真／映像、映画やメディアアートを中心に幅広い分野の批評・評論活動を行う。『写真都市』『裸体の森へ』『アメリカンイメージ』など著作多数。レスリー・フィドラー『フリークス』、ダイアン・アーバス写真集『ダイアン・アーバス』、ジョン・バージャー『イメージ』など訳書も多数。近著に『陶酔映像論』（青土社）。

内山一樹（うちやま・かずき）
1954年、東京都生まれ。早稲田大学大学院文学研究科修了（映画学）。1984年から30年以上、版権取得を含む映画パッケージソフト（レーザーディスク、DVD、ブルーレイ）の制作に携わる。平行してキューブリックを研究。「イメージフォーラム増刊　キューブリック」（1988、編集協力・執筆／ダゲレオ出版）、『KUBRICK』（1989、監訳／白夜書房）、『キューブリック全書』（2001、共訳／フィルムアート社）等の書籍に関わる。

川口敦子（かわぐち・あつこ）
映画評論家。1955年生まれ。80年代半ばから映画評、インタビュー原稿を寄稿。著書『映画の森──その魅惑の鬱蒼に分け入って』（芳賀書店）、訳書『ロバート・アルトマン　わが映画、わが人生』（キネマ旬報社）など。

後藤護（ごとう・まもる）
暗黒批評。1988年山形県生まれ。著書に『ゴシック・カルチャー入門』（Pヴァイン）。「キネマ旬報」「文藝」「図書新聞」などに寄稿。現在ゴシックの「黒」からアフロの「黒」へ向かう、「アフロ・マニエリスム」をテーマにした2冊目の単著を鋭意準備中。「超」批評誌『機関精神史』編集主幹。

佐野亨（さの・とおる）
編集者・ライター。1982年東京都生まれ。編書に『90年代アメリカ映画100』（芸術新聞社）、『心が疲れたときに観る映画「気分」に寄り添う映画ガイド』（立東舎）など。

添野知生（そえの・ちせ）
映画評論家。1962年東京都生まれ。弘前大学人文学部卒。WOWOW映画部、SFオンライン編集を経てフリー。「SFマガジン」で連載中。

滝本誠（たきもと・まこと）
評論家。1949年京都府生まれ。著書に『きれいな猟奇　映画のアウトサイド』（平凡社）、『渋く、薄汚れ。ノワール・ジャンルの快楽』（フィルムアート社）、『映画の乳首、絵画の腓　AC 2017』（幻戯書房）など。

遠山純生（とおやま・すみお）
映画評論家。著書・編著書に『紀伊國屋映画叢書①〜③』（紀伊國屋書店）、『マイケル・チミノ読本』（boid）、『チェコスロヴァキア・ヌーヴェルヴァーグ』（国書刊行会）など。訳書にピーター・ボグダノヴィッチ著『私のハリウッド交友録』（エスクァイア マガジン ジャパン）、『サミュエル・フラー自伝』（boid）など。雑誌、劇場公開用プログラム、ソフト封入冊子等への寄稿多数。

二本木かおり（にほんぎ・かおり）
映像と音・音楽についての考察・執筆がライフワーク。物書きの際に使う肩書は「日雇いミュージシャン」。共著書に『サウンド派映画の聴き方』（フィルムアート社）、共訳書にミシェル・シオン『映画の音楽』（みすず書房）など。週刊金曜日きんようぶんかレギュラー執筆者。埼玉工業大学人間社会学部講師。ピアノとギターのツインヴォーカル・ユニットCaorioでのライヴ活動も行っている。

藤田直哉（ふじた・なおや）
批評家。日本映画大学准教授。東京工業大学社会理工学研究科価値システム専攻修了（博士）。1983年札幌生まれ。著書に『虚構内存在　筒井康隆と〈新しい《生》の次元〉』『シン・ゴジラ論』（いずれも作品社）、『新世紀ゾンビ論』（筑摩書房）、『娯楽としての炎上　ポスト・トゥルース時代のミステリ』（南雲堂）、編著に『地域アート』『3・11の未来』『東日本大震災後文学論』など。

柳下毅一郎（やなした・きいちろう）
映画評論家・翻訳家。1963年大阪府生まれ。「宝島」編集者を経てフリー。著書『興行師たちの映画史　エクスプロイテーション・フィルム全史』（青土社）、『新世紀読書大全　書評1990-2010』（洋泉社）など多数。訳書にR・A・ラファティ『第四の館』（国書刊行会）など

吉田広明（よしだ・ひろあき）
映画評論家。著書に『B級ノワール論』『亡命者たちのハリウッド』『西部劇論』（いずれも作品社）。原理的思考と映画史と作品批評の三点測量。

博士の異常な愛情

発売元:ソニー・ピクチャーズ エンタテインメント
2,381円＋税
発売中

2001年宇宙の旅

日本語吹替音声追加収録版 4K ULTRA HD＆HDデジタル・リマスター
発売元:ワーナー・ホーム・ビデオ
6,990円＋税
発売中

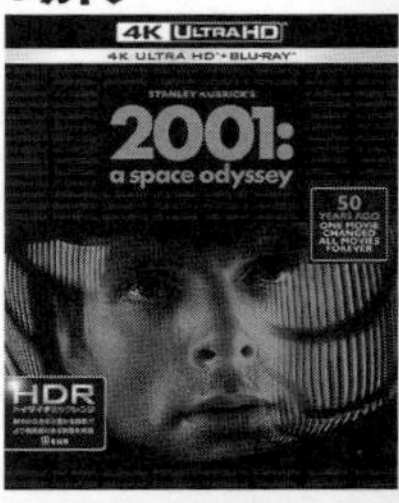

時計じかけのオレンジ

発売元:ワーナー・ホーム・ビデオ
2,381円＋税
発売中

バリー・リンドン

発売元:ワーナー・ホーム・ビデオ
2,381円＋税
発売中

シャイニング 北米公開版

4K ULTRA HD & HD デジタル・リマスター
発売元:ワーナー・ホーム・ビデオ
6,345円＋税
発売中

フルメタル・ジャケット

日本語吹替音声追加収録版
発売元:ワーナー・ホーム・ビデオ
5,790円＋税
発売中

アイズ ワイド シャット

発売元:ワーナー・ホーム・ビデオ
2,381円＋税
発売中

A.I.

発売元:ワーナー・ホーム・ビデオ
2,381円＋税
発売中

Blu-ray

Blu-rayソフト一覧

恐怖と欲望

発売元:アイ・ヴィー・シー
2,500円+税
店頭在庫のみ

非情の罠

発売元:アイ・ヴィー・シー
4,800円+税
発売中

現金に体を張れ

発売元:アイ・ヴィー・シー
4,800円+税
発売中

突撃

発売元:アイ・ヴィー・シー
4,800円+税
発売中

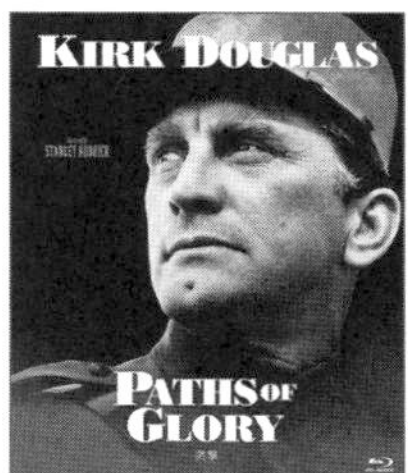

スパルタカス

ユニバーサル思い出の復刻版
ニュー・デジタル・リマスター版

発売元:NBCユニバーサル・エンターテイメントジャパン
4,200円+税
発売中

ロリータ

発売元:ワーナー・ホーム・ビデオ
2,381円+税
発売中

制作進行――小林智広（辰巳出版）
デザイン――矢野のり子（島津デザイン事務所）

映画の巨人たち
スタンリー・キューブリック

2020年6月1日　初版第1刷発行

編　者――佐野亨
発行者――廣瀬和二
発行所――辰巳出版株式会社
〒160-0022
東京都新宿区新宿2丁目15番14号　辰巳ビル
TEL 03-5360-8064［販売部］
03-5360-8093［編集部］
URL http://www.TG-NET.co.jp
印刷・製本所――図書印刷株式会社

Printed in Japan
ISBN978-4-7778-2522-6 C0074